Parapsychologie
Les fantômes frappent aux fenêtres, les chiens invisibles aboient

Esprits et contact avec le défunt,
est-ce possible ...

Ils ne sont pas morts, mais dans un autre état de conscience.

Bien que nous aimions dire à nos enfants qu'il n'y a pas de fantômes, de monstres et de phénomènes terribles similaires, et que nous-mêmes, en tant que personnes à l'esprit rationnel, excluons leur existence, ils existent lorsque vous y croyez.
Ils font alors partie de leur propre réalité. Ceux qui n'ont pas peur vivent avec le "bon interviewé". Seules les histoires d'horreur que vous entendez ou lisez et que vous reprenez vous-même font de ces phénomènes un problème.

Heinz Duthel

Parapsychologie et télépathie

Télépathie, voyance, fantômes, lecture de l'esprit,
vie après la mort

Bibliografische Information der Deutschen Nationalbibliothek:
Die Deutsche Nationalbibliothek verzeichnet diese Publikation in der Deutschen Nationalbibliografie; detaillierte bibliografische Daten sind im Internet über http://dnb.dnb.de abrufbar.

Illustration: www.parapsychologie.club
Übersetzung: Heinric Mayer
weitere Mitwirkende www.parapsychologie.club
Herstellung und Verlag: BoD – Books on Demand, Norderstedt
ISBN: 9783748149231

9 783748 149231

Informations bibliographiques de la Bibliothèque nationale allemande:

La Bibliothèque nationale allemande répertorie cette publication dans la Deutsche Nationalbibliografie; Des données bibliographiques détaillées sont disponibles sur Internet à l'adresse http://dnb.dnb.de.

© 2018 Nom de l'auteur / détenteur des droits d'auteur Heinz Duthel

Illustration: www.parapsychologie.club
Traduction: Heinric Mayer
autres contributeurs www.parapsychologie.club
Production et publication: BoD - Books on Demand, Norderstedt
ISBN: 9783748149231

Parapsychologie

Télépathie, voyance, fantômes, fantômes, lecture de l'esprit, vie après la mort

Les perceptions extra-sensorielles ont une longue tradition

Esprits et contact avec le défunt,
est-ce possible ...

Ils ne sont pas morts, mais dans un autre état de conscience.

Bien que nous aimions dire à nos enfants qu'il n'y a pas de fantômes, de monstres et de phénomènes terribles similaires, et que nous-mêmes, en tant que personnes à l'esprit rationnel, excluons leur existence, ils existent lorsque vous y croyez.
Ils font alors partie de leur propre réalité. Ceux qui n'ont pas peur vivent avec le "bon intervie-wé". Seules les histoires d'horreur que vous en-tendez ou lisez et que vous reprenez vous-même font de ces phénomènes un problème.
Par conséquent, il vaut la peine d'aller au fond des nombreuses fausses représentations, opinions et craintes associées. Les enfants sont particulière-ment «réceptifs» à de telles perceptions. Il est

donc important de leur expliquer ce qu'il ya «là» et de ne pas aggraver leur insécurité en niant ou en promouvant la peur.

Tant d'avance: la peur est causée par l'inconnu. Quiconque connaît le fond peut le gérer sans crainte. Il n'y a rien à craindre.

Commençons par la variante "la plus inoffensive". Les survivants rapportent souvent que le défunt se fait sentir d'une certaine manière. Est-ce que c'est de l'imagination, un voeu pieux ou la réalité?

La réponse n'est pas claire ici.

Dans tous les cas, le contact nécessite de la résonance, une personne qui ne croit pas aux possibilités de contact ne le remarquera pas. Le désir mutuel est une consonance nécessaire pour que les messages soient reçus et compris. Vraiment - dans le sens de "l'action" - est tout ce qui nous touche.

Nous sommes les créateurs de notre réalité. Donc, il peut arriver que nous percevions des choses qui sont réelles pour nous, mais seulement pour nous. Les relations entre les âmes sont très "personnelles", même si l'une des âmes n'existe pas physiquement. Mais il se peut aussi que notre intuition nous induise en erreur. et que nous interprétons quelque chose dans les événements ou les choses parce que notre incapacité à faire face aux événements nous surmonte. Un état d'esprit équilibré, sans pression, sans sentiment de manque vaut mieux pour un contact que des lamentations et du désespoir.

Le chagrin après la perte nous entraîne dans une vibration émotionnelle simplement en pensant au défunt, à des expériences avec lui, à des questions ouvertes que l'on aurait aimé poser, à des choses qu'on aurait aimé dire. Souvent, la question est "pourquoi" et "va-t-il bien?"

Le processus de lâcher prise concerne les deux côtés. Cela fait partie de la transition de l'âme vers une existence non physique et a donc souvent le désir de "s'assurer" que tout est en ordre. Vous devez également avoir une vie entière dans la vie pour vraiment commencer une nouvelle vie.

Lorsqu'il s'agit d'un contact - cela peut arriver dans le rêve, ce peuvent être des "signes" qui veulent nous transmettre quelque chose ou même le sentiment que nous recevons un message dans nos pensées - alors il est important de transmettre au défunt, qu'il puisse partir, à savoir continuer son chemin, comme nous continuons notre chemin.

S'il était possible de parler de la mort et de ce qui la suivra au cours de la vie, ce sera plus facile pour les deux côtés et la transition sera associée à moins de douleur, de tristesse et de peurs.

J'ai trouvé quelque part sur le réseau une liste des dix choses les plus importantes qui voudraient dire à l'âme d'un défunt endeuillé:

1. Ils ne sont pas morts, seulement dans un état de conscience différent.
2. Vous nous excusez pour la douleur causée par sa mort physique. Ils vont bien
3. Le diable ou l'enfer n'existe pas.

4. Ils étaient prêts à partir quand ils sont partis.
5. Vous n'êtes pas prêt.
6. Ils ont finalement compris ce qui leur manquait ici.
7. Rien ne peut vous préparer à la beauté du moment où vous arrivez.
8. Même si vous ne comprenez pas encore cela, la vie est extrêmement juste.
9. Vos animaux de compagnie sont aussi fous, brillants et aimants qu'ils ne l'étaient là-bas.
10. La vie est vraiment une question d'amour, mais pas seulement d'aimer ceux qui vous aiment ...

Cette liste n'est pas "officielle" ou autrement bénie. Mais pour moi, cela reflète bien le cœur du contact avec le défunt: tout va bien tel qu'il est. Il y a aussi des âmes qui luttent pour quitter l'existence physique. Les jeunes âmes inexpérimentées doivent prendre plus de temps pour trouver le "chemin de la lumière", comme elles le disent toujours si joliment et comme cela a déjà été montré dans des séries télévisées. Encore une fois, il n'y a pas trop de monde, le temps nécessaire est disponible. La famille de l'âme et les guides de l'âme soutiendront, mais n'interviendront   jamais.

Les âmes qui ne se sont pas encore complètement détachées de l'existence physique mais qui ne sont plus dans le corps physique sont encore en train de regarder en arrière dans leur dernière vie. Avant que ce processus ne soit terminé, le fragment d'âme ne peut pas se reconnecter à l'Essence. Seules les expériences et les idées traitées sont   intégrées   à   l'essence.

Les fragments d'âme dans l'état qui vient d'être décrit se situent au niveau le plus bas du plan astral. Leurs tentatives de connexion avec le monde physique peuvent prendre de nombreuses formes. Ils cherchent de l'aide et des "esprits" dans   le   vrai   sens   du   mot.

Les poltergeists cherchent l'attention par le bruit, leur énergie suffit à peine. Souvent, ils se sentent liés à un endroit qui a un sens pour eux dans la vie.   Là   ils   "hantent"   autour.

Obsession, visite ou persécution par des fantômes sont des termes caractérisés par notre peur. Ce sont des expériences très personnelles que les autres ne perçoivent pas et, par conséquent, souvent ne nous croient pas. Sa propre perception en tant que "négative" et la nomenclature correspondante sont basées sur des tentatives explicatives unilatérales. Une tentative pour expliquer des phénomènes qui ne peuvent pas être expliqués permet de se glisser facilement dans le piège de la peur. L'incertitude et l'impuissance peuvent vous faire peur.

Qu'y a-t-il derrière?

Ce sont des "appels à l'aide" de soi-disant âmes perdues, qui se traduisent par un "attachement" à la physicalité d'autres âmes. Bien sûr, ils ne sont pas perdus, mais ils sont dans un état d'énergie faible car ils ne sont plus physiques et n'ont pas encore retrouvé le chemin du retour au plan astral. Cette condition vous rend impuissant. En termes positifs, cela signifie qu'ils ne peuvent pas nous faire de mal, ils n'ont aucun pouvoir sur nous, nous n'avons pas besoin d'avoir peur. Dans le sens négatif, ils cherchent à obtenir de l'énergie de nous, à nous utiliser. Mais il n'y a qu'un attachement si nous le permettons. Une permission est donnée non pas "consciemment", mais soit par peur ou par pitié (j'y reviendrai plus tard) inconsciemment par médiation. Les deux variantes permettent un flux d'énergie. Ce sont des phénomènes qui doivent être soutenus par la foi des personnes impliquées. Par notre propre énergie, le "fantôme" du défunt n'est pas possible dans notre perception. Ils obtiennent l'énergie nécessaire des personnes auxquelles ils s'accrochent, uniquement lorsqu'ils sont prêts. Les personnes qui croient aux fantômes sont susceptibles aux fantômes. Les personnes qui n'y croient pas ne se retrouveront jamais dans la situation de voir ou d'expérimenter les esprits. Ils "rationaliseraient" toute tentative. La meilleure stratégie pour aider les personnes qui ont peur ou qui sont hantées par des fantômes est de leur faire comprendre que sans leur permission (également) inconsciemment, en y croyant), aucun esprit ne peut avoir de pouvoir sur lui. L'illumination est nécessaire ici, mais ce sera souvent difficile.

Les exorcistes ne font rien d'autre. Ils n'exorcisent pas un esprit, mais par un rituel, ils donnent aux personnes touchées le sentiment d'être relâchées. La croyance en elle seule arrête le flux d'énergie et donc l'attachement. Avec nos croyances et nos pensées, nous créons notre réalité, aussi bien positive que négative.

Revenons à la "variante de la pitié". Comment pouvons-nous aider une âme à s'éloigner du monde physique et à retrouver son chemin vers le plan astral?

Les âmes "non sauvées" - comme on les appelle aussi - ne peuvent se racheter que. Cela ne nécessite pas un acte de salut à travers nous. Nous ne pouvons aider d'autres âmes à trouver leur propre chemin en montrant des chemins. Chaque âme doit suivre son propre chemin, il reste leur choix et leur décision.

Quand une âme cherche notre aide "entre les mondes" et cherche à attirer notre attention à travers pensées et sentiments, il est également important de réaliser qu'il n'ya aucune raison de timidité. La force réside avec nous.

La plupart des gens sont incapables d'établir eux-mêmes un "contact", dans le sens où ils communiquent avec un autre, et non avec leur âme. C'est une question de réglage de la fréquence de l'émetteur et du récepteur, comme dans la canalisation aussi. Vous pouvez l'essayer en suggérant que vous "alliez à la lumière", mais sans connaître les causes du "blocus", aucune aide supplémentaire n'est possible.

Avec l'aide d'un hypnotiseur qualifié, il peut être possible de déterminer la raison de l'attachement d'une autre âme. Avec une forte probabilité, il existe un lien spirituel entre les deux âmes. Cela peut être trouvé dans les déclarations. De bons thérapeutes formés pour revenir à la "vie entre vies" peuvent également réussir à faciliter un dialogue qui clarifie les circonstances et, avec la participation des chefs spirituels, devient une "solution" au vrai sens du terme. Word peut conduire.

Les personnes douées en médecine - ici aussi la référence à la qualification - peuvent également contribuer à éclairer la situation par le biais de prétendues constellations mentales. Je n'ai aucune expérience personnelle et je ne souhaite donc faire aucune recommandation. En conclusion, je voudrais dire que la crainte de situations ou de phénomènes inexplicables ou inexplicables nous conduit toujours à une action (ou même à une inaction) hors de la fausse personnalité. Grâce à la préoccupation ouverte et sans peur de notre propre identité spirituelle, nous pouvons réduire ces craintes et trouver nous-mêmes le chemin qui mène au centre intérieur et à l'accompagnement riche en mensonges des autres âmes.

Parapsychologie (télépathie, télékinésie, fantômes, fantômes, hantises, vie après la mort, clairvoyance, lecture de l'esprit, perception extra-sensorielle, précognition, psychokinésie)

Des enregistrements de telles perceptions extra-sensorielles (ASW) existaient déjà dans l'Antiquité. Ainsi, l'historien Philosophique d'Athènes, le philosophe Apollonius de Tyane, s'étant rendu à Éphèse, a été témoin de la mort de l'empereur Domitien et a décrit comment on se moquait de lui à Rome à cette époque.

Feu prédicteur voyant spirituel

Le suédois "observateur de fantômes" Swedenborg aurait vu en 1756 une vision à Göteborg, le quartier de Södermalm à Stockholm étant en feu le soir même. Le philosophe allemand Emmanuel Kant a fait réviser ce rapport par un ami en Suède. Cela a confirmé l'événement, mais Kant a rencontré le Spökenkiekerei plutôt moqueur. "Il a été et sera toujours ainsi à l'avenir que certaines choses absurdes, même dans le cas de raisons raisonnables, ne sont que le fait qu'on en parle généralement", écrit-il dans son livre "Rêves d'un voyant, expliqué par des rêves de la métaphysique ".

Alors, qu'en est-il de la voyance et de sa sœur sinistre, la précognition? Ce dernier est défini comme la capacité de percevoir ou de recevoir des informations sur des événements futurs avant qu'ils ne se produisent. Ceux-ci ne peuvent pas être extrapolés à partir d'événements passés ou présents. En termes simples, il s'agit de regarder vers l'avenir.

Les voyants, au contraire, perçoivent les événements par des canaux ou des moyens inconnus, qui se déroulent dans des lieux éloignés. Distinguée de ceci est la divination. Ici, une personne fait des déclarations sur la situation personnelle d'une autre personne, enregistre son mode de vie et fait des prédictions sur sa vie future.
La voyance est-elle un cadeau spécial?

Comme avec la plupart des phénomènes psi, la population est divisée en sceptiques qui ne croient pas en l'ASW et en des personnes convaincues de l'existence d'un monde incompréhensible au-delà de toute éducation. Ils introduisent des expériences que beaucoup de gens connaissent également dans leur environnement personnel: une mère estime que son enfant a un accident ou une soeur jumelle sait que l'autre, qui vit loin, ne va pas bien. La clairvoyance devient ainsi une variété de télépathie dans laquelle le contenu de la conscience est transmis sur de longues distances à un récepteur.

Encore une fois, il semble que, comme pour la télépathie, il s'agisse d'un cadeau qui apparaît rarement et ne peut être pratiqué - même si d'innombrables offres, en particulier sur Internet, prétendent le contraire.

"Les vrais voyants ont (probablement) une ou plusieurs fois dans leur vie vécu une expérience paranormale dite subjek-tives dans laquelle ils ont la capacité ou le don de l'avoir découverte", explique le physicien Walter von Lucadou, qui dirige le centre de consultation parapsychologique de Fribourg. "Les expériences paranormales subjectives sont des expériences que la personne en question ne peut pas situer dans sa vision du monde antérieure. Cela pourrait bien être un événement normal que la personne pense être paranormal. "

Même les prémonitions et les rêves qui se réalisent plus tard n'ont pas besoin d'être paranormaux, mais ce qui compte, c'est qu'ils soient vécus comme tels, a poursuivi Lucadou. Souvent, la médialité d'une personne est également découverte par un autre médium qui agit ensuite comme mentor pendant un certain temps.

Cela se traduit littéralement par "l'exploration pédagogique et scientifique des phénomènes psychiques extrasensoriels". Il s'agit principalement de recherches sur des phénomènes tels que la télékinésie, la télépathie, la clairvoyance et la lecture de l'esprit. La parapsychologie existe depuis plus de 120 ans. Donc, cela ne s'est pas produit comme beaucoup d'autres choses à la suite de la vague ésotérique et new age depuis les années 1980. Elle se considère comme une branche de la recherche scientifique, même si la communauté scientifique, la science, l'a nié, car, du fait de la nature de leur domaine de recherche, les expériences sont trop rares et peuvent être répétées. Par conséquent, il existe trop peu de recherches et de données empiriques méthodiquement sûres. générer de nouvelles connaissances. Par conséquent, la parapsychologie s'appelle "pseudoscience"; La communauté scientifique considère que les objets de la recherche parapsychologique ne sont pas prouvés. La parapsychologie cherche à explorer, aussi méthodiquement que possible, les phénomènes et les facultés psychiques de l'être humain qui, à son avis, dépassent la conscience normale éveillée. Par conséquent, l'étude de la vie après la mort (en particulier en évaluant les expériences de mort imminente) relève du domaine de la parapsychologie. Les autres domaines de recherche sont les perceptions extrasensorielles, la psychokinèse, les fantômes, la précognition et la psychokinèse. Certains trouveraient cela excitant, pour d'autres ce serait un cauchemar - la vision de l'avenir a toujours préoccupé l'humanité. Certains pensent qu'ils ont ce talent spécial. Les chercheurs ont essayé de trouver des preuves. Nous le savons aujourd'hui à propos des phénomènes mystérieux.

Channeling,
et d'autres révélations ...

La canalisation peut avoir quelque chose à voir avec les "esprits diaboliques" et la "magie noire". J'essaie de démystifier un peu le sujet.

Je suggère que nous tous, sans le savoir ni le savoir, ne canalisons aucune excitation.

Communiquer avec Dieu dans la prière ou même lors d'une belle promenade en forêt est une forme de canalisation. Nous établissons un contact avec "quelque chose" qui n'est pas physiquement dans la pièce et pourtant, il est présent et accessible. Ce qui nous répond est difficile à saisir. Mais finalement, peu importe si c'est quelque chose qui nous aide ou nous aide lorsque nous ressentons une énergie positive.

Néanmoins - déjà à ce stade - la prudence est de mise. Même notre ego nous donne des pensées dans notre esprit et toutes les entités "hors de ce monde" n'ont pas d'intentions positives.

Depuis l'Amérique du Nord, le terme "canal" est également utilisé dans les pays européens depuis les années 1970. "C'est une compréhension commune de l'ésotérique, qui vient de l'anglais et qui signifie littéralement: recevoir quelque chose par un canal, être au sens de canal pour la communication d'entités non humaines, spirituelles. Dans ce cas, un support se présente comme un canal par lequel un mot de message est transmis. Ces personnes sont généralement dans une forme de transe auto-induite ou initiée par un tiers (hypnose). Cette transe sert à éliminer son ego, c'est-à-dire la conscience éveillée, lors de la transmission, même si cela ne réussit jamais à 100%.

Il existe essentiellement deux types de canaux: le canal parlé (parler automatiquement) et le canal écrit (écriture automatique). Une distinction doit être faite entre les visions et les expériences de mort imminente, qui sont généralement imagées. Mais même dans ces cas, quelque chose entre dans notre conscience à travers une perspective que nous ne pouvons pas prendre quand nous sommes   éveillés.

Lorsque j'ai entendu ce terme pour la première fois, le sujet était hautement suspect. Contacter le défunt ou d'autres "esprits" était au-delà de ma réalité. Les fantômes ne sont nécessaires que pour effrayer les petits enfants. Jeune homme, j'avais déjà participé à une soi-disant séance par curiosité, mais m'étais arrivé, malgré d'étonnantes «révélations», à conclure que tout cela était irréel et incompréhensible pour moi et que, par conséquent, je ne pouvais avoir raison. Le réaliste en moi a clarifié cela à l'époque clairement: Ce que vous ne comprenez pas, vous pouvez au mieux croire mais ne pas savoir. En cas de doute, tenez-vous en à ce que vous savez!

Pendant ma formation d'hypnotiseur de régression, je n'ai souri qu'à une participante au séminaire qui a relaté ses expériences de canalisation au cours de la séance d'introduction: Encore une fois, une des «tantes ésotériques».

Lorsque l'on traite des thèmes de la "réincarnation" et de "l'existence de l'âme", on aborde automatiquement les questions de religion. Ce faisant, je réalisais quelque chose:

Depuis le début des archives historiques, nous entendons des personnes qui pensent recevoir des révélations de l'extérieur. Pour la plupart, ces révélations venaient de "Dieu", ils n'avaient aucune autre explication. La Bible en est remplie à la fois dans l'Ancien Testament et dans le Nouveau Testament (Moïse, Abraham, Jean, Paul, etc.).

À la Pentecôte, les fidèles célèbrent la distribution ou l'envoi du Saint-Esprit. Les dons du Saint-Esprit incluent la communication de la sagesse, la transmission de la connaissance et le discours prophétique. Éphésiens 1:17 dit: "Le Dieu de Jésus-Christ, notre Seigneur, Père de gloire, te donne l'esprit de sagesse et de révélation pour le connaître."

L'événement de la Pentecôte a eu lieu à la fête juive de Chavouot. Ce festival célèbre la révélation de la Torah au peuple d'Israël et est l'un des principaux festivals du judaïsme.

Mahomet a reçu le Coran - croyait-il - de l'archange Gabriel. Dans la sourate 2, 213, il est écrit:

"La race humaine était une église, alors Allah a réveillé les prophètes en tant que porteurs de la bonne nouvelle et en tant qu'avertisseurs et leur a transmis le livre de la vérité qu'il jugeait entre hommes dans ce avec quoi ils étaient en désaccord."

Le Livre de Mormon aurait également été canalisé. L'histoire "aventureuse" de la transmission me fait au moins douter de la véracité de cette révélation. Le doute est permis.

Hildegard von Bingen

Même après Jésus, jusqu'à aujourd'hui, il existe de nombreuses "apparitions" et révélations historiquement documentées de soi-disant saints, gourous ou maîtres.

Hildegard von Bingen en est un exemple. Hildegarde a eu plusieurs visions au cours de sa vie. En 1141, elle connut un phénomène qui, malgré toute son insécurité personnelle, lui parut être un devoir de Dieu pour enregistrer ses expériences.

Au cours des 40 dernières années - à l'ère du mouvement New Age - le nombre de messages envoyés par les médias dans le monde entier a explosé. De nombreux livres ont également été publiés à ce sujet, Internet en est rempli. Les options de communication modernes ont favorisé une diffusion large et rapide.

Le channeling est maintenant une compétence utilisée activement. Aujourd'hui, aucun "ange" ou entité n'apparaît généralement et nous dit qu'il nous a choisis. Parfois, cela a commencé comme ça et cela a permis d'établir une connexion régulière. Vous pouvez apprendre à canaliser, la pratique améliore la qualité et la vitesse de la communication. La connexion peut être activée à tout moment, une fois établie. La coopération des deux côtés est nécessaire, mais cela peut être très différent pour chaque individu.

Quand j'ai dit au début, nous avons tous canalisé, je voulais dire la connexion à notre «moi supérieur», l'essence de l'âme sur le plan astral, ou notre guide de l'âme. Nous recevons toutes les impulsions de "là-bas" (pas destiné localement). Les personnes inexpérimentées appellent cela "des inspirations" dont elles ne savent pas d'où elles viennent, mais qu'elles considèrent certainement comme "une" bonne idée ".

De nombreux sceptiques rejettent toute forme de canalisation avec divers arguments comme un non-sens. Lorsque vous traitez avec des messages canalisés, vous réalisez rapidement qu'il existe des contradictions et des incohérences. La canalisation n'est tout simplement pas comme écouter la radio. Les "récepteurs" ne sont pas standardisés, comme un récepteur radio. Chaque chaîne a son propre caractère et sa vision du monde individuelle. Cela influence le résultat. Personne ne canalisera quelque chose qui contredit sa vision du monde, sa religion, sa conception. Personnellement, il ne l'accepterait pas, cela ne servirait à rien.

Différents canaux collectent différentes informations sur des sujets spécifiques. Toute information canalisée nécessite une validation, comme l'indiquent les sources de la chaîne. Il n'y a pas qu'une seule vérité, nous la voyons tous les jours ici dans notre monde physique. Si nous changeons notre point de vue, l'image change également. Les vérités changent, mais seulement si nous sommes ouverts d'esprit, si elles sont autorisées à changer de vue. Cela peut mener à l'insécurité, à la possibilité d'obtenir une image plus large, d'atteindre une autre conscience, mais cela en vaut la peine.

Par conséquent, il est nécessaire que je vérifie les nouvelles informations - quelle que soit leur source - pour voir si elles peuvent au moins contribuer à "ma vérité".

Tout le monde doit faire la même chose, bien que l'on puisse aussi «croire aveuglément», mais cela ne correspond plus à l'esprit de notre temps. Notre société est aujourd'hui au seuil de l'âge de la jeune âme et de l'âge de l'âme adulte. À l'époque des anciennes révélations, il y avait surtout des âmes enfantines. Dans cet état de maturité mentale, on veut suivre des règles. En conséquence, les révélations étaient ensuite transmises sous forme de règles (Les Dix Commandements ou le Coran). Il a été demandé de croire et de suivre.

Malgré toute l'insécurité et le flou, le message traduit est - à mon avis - aujourd'hui toujours une matière à réflexion précieuse. Il est toutefois important de valider personnellement.

J'aime assumer cette tâche en tant qu "homo sapiens". Tout d'abord, je vérifie les informations de manière formelle, puis dans le contenu:

Dans cet examen, il est important pour moi de répondre aux questions suivantes:

Est-ce que le médium a confiance par jugement humain?
? La source est-elle digne de confiance par jugement humain?

Au début, un médium est aussi un être humain et est donc affligé d'un ego et influencé par des influences religieuses et culturelles. Selon le moment et l'environnement du message transmis et les destinataires, il existe des différences. La maturité mentale, l'âge de l'âme, est également important. Ces influences ne peuvent jamais être complètement éliminées et il en résultera toujours des erreurs dans la transmission.

Les sources possibles de messages sont variées. L'identification d'une source n'est jamais possible. Avec un peu d'expérience, cependant, il est toujours préférable de séparer le bon grain de l'ivraie.

Par conséquent, ces deux questions ne peuvent jamais être clarifiées. C'est déjà dans le terme "discrétion humaine". Il y a donc toujours une incertitude résiduelle, même dans le meilleur des cas. Par conséquent, d'autres questions - à titre subsidiaire - doivent limiter davantage cette incertitude.

Le message est-il cohérent en soi? L'information - indépendamment - est-elle "confirmée" par l'autre partie?

Réponse idéale: deux fois "oui", avec "oui", des précisions supplémentaires sont nécessaires. Les contradictions que nous constatons peuvent être basées sur une perspective différente. Ceci s'applique également aux informations différentes ou contradictoires provenant de différents canaux. Un message du Moyen Âge avait d'autres destinataires que les messages d'aujourd'hui. Pour avoir la moindre chance d'être compris, les messages sont toujours exprimés de manière à ce que le destinataire - avec son niveau de connaissance et sa maturité - puisse en faire quelque chose. Un enseignant enseignera aux élèves du primaire différemment des diplômés du secondaire. Il y a cent ans, la vision du monde était différente de celle d'aujourd'hui.

"Faut-il" croire en quelque chose (sinon menace de ne pas guérir)?

"Faut-il" croire en quelque chose (alors il y a une promesse de salut)?

Y a-t-il des intérêts commerciaux ou mission-naires-religieux derrière cela?

Réponse idéale: trois fois "non", sinon je sens la "saleté" pour moi-même, mais sachez que cette "tactique" est requise par les autres destinataires pour même attirer l'attention.

Quelle est l'intention du message?

Quelles sont les conséquences du message?

Comment le message correspond-il à ma compréhension du bien ou du mal?

Réponse idéale: intentions positives (affec-
tueuses), effets et ajustement. Je veux pour moi

peut reconnaître si l'information est sans préju-
dice et d'un P
ositon d'acceptation. Les messages peuvent être
inconfortables. Ils sont particulièrement utiles.
Conclusion: Même après ce test, un scepticisme
"sain" reste approprié. Mais rien n'est statique,
tout coule, aucune opinion n'est définitive. Le
développement de l'homme et de son âme est un
processus. Les impasses, les erreurs et les erreurs
font toujours partie de l'apprentissage. Un déni
complet ou une exclusion de la possibilité de
messages canalisés me semble être une erreur.
Cependant, accepter le contenu d'un message, au
moins comme une "possibilité", offre des oppor-
tunités et des risques de la même manière. Cha-
cun, bien sûr, doit décider lui-même si quelque
chose ne va vraiment pas, probablement, peut-
être possible, probablement ou en tout cas, bien.
Ce qui est vraiment juste aujourd'hui, cependant,
peut certainement l'être à une date ultérieure.

Nous vivons avec la dimension "temps" ici sur le plan physique.

L'existence astrale est "l'état normal" d'une âme. Il ne s'agit pas de jugement mais de connaissance de soi et de conscience, non pas les uns des autres, mais d'aimer les autres humains.

Une essence d'âme "fraîche", si fragmentée de sa famille d'âmes, se retrouve dans la communauté des autres membres comme, bien sûr, en fait partie. Au début, il s'agit de la conscience d'être séparés et pourtant unis. Les premières expériences résultent de la coopération au niveau astral dans des groupes d'apprentissage.

Le plan astral est donc un "lieu d'apprentissage", au même titre que le niveau physique et les niveaux d'existence supérieurs. Le séjour entre chaque incarnation sert donc, outre les tâches "normales", notamment le traitement des expériences de la dernière et la planification de la prochaine incarnation. Chaque fois, avec l'aide de sa famille et de ses guides spirituels, cette dernière conçoit un plan de vie qui s'appuie sur les incarnations précédentes et poursuit ainsi son développement. Puis c'est vécu, d. h. l'âme éprouve ce que c'est que d'être dans un corps physique. Toutes les monades internes, de la naissance à la mort, doivent être pilotées. Chaque monade est à nouveau une transition vers une nouvelle phase de la vie. Certaines vies sont plus courtes, certaines se terminent abruptement, d'autres durent - surtout de nos jours - jusqu'à la vieillesse. À la fin, le passage au niveau astro a de nouveau lieu. L'âme rentre à la maison.

Le retour et la transition associée vers un autre niveau d'existence ne sont pas toujours les mêmes. En fonction de l'état de la vie, différentes phases doivent être supprimées jusqu'à ce que l'âme reprenne ses tâches d'apprentissage sur le plan   astral.
Le temps pour la prochaine incarnation provient du développement de l'âme. Elle sait quand cela se produira et recommencera le processus de planification et de coordination avec les autres âmes pour une nouvelle vie. Encore une fois, les âmes sœurs, les âmes sœurs et d'autres membres de leur propre famille d'âmes et d'autres familles d'âmes de la même équipe s'incarneront à proximité et le ou les guides des âmes accompagneront l'aventure de la vie. De nouvelles tâches et expériences attendent.
Si les flics de Cologne avaient écouté Gérard Croiset, Hanns-Martin Schleyer aurait peut-être survécu. Un commandement de la "fraction de l'armée rouge" avait enlevé le président de l'employeur à l'automne 1977. La recherche des auteurs et des victimes a été infructueuse pendant près de deux semaines lorsque les enquêteurs ont

décidé de franchir une étape inhabituelle: deux d'entre eux se sont rendus à Croiset, à Utrecht. Le Hollandais était l'un des médiums les plus connus en Europe. Sa spécialité était de rechercher les personnes disparues et de les aider à résoudre des crimes.

Incarnation signifie "incarnation". Les origines de l'idée d'incarnation remontent à la préhistoire. Cela signifiait l'incarnation d'un dieu, que l'on retrouve souvent dans la mythologie et diverses religions. Même avec Jésus-Christ, cette idée est toujours liée aujourd'hui.

En tant qu'incarnation, Heinz Duthel décrit la transformation énergétique ou vibratoire d'un fragment de l'essence de l'âme en la physicalité de l'existence physique. Cette transformation est associée à une limitation de la conscience correspondant à la densité de l'existence physique. L'incarnation est donc la concentration d'un fragment d'âme sur un spécimen d'une espèce appropriée possédant une personnalité sélectionnée, décrite par les Overleaves.

Au moins depuis Pythagore (VIe siècle av. J.-C.), l'idée et la compréhension de la réincarnation des êtres humains sur Terre, en tant que vies chronologiques dans le but de développer une âme par le biais d'expériences corporelles, est répandue, sinon générale. reconnu. Cette idée correspond à notre conscience du temps et de l'espace.

Selon la compréhension ci-dessus, la réincarnation n'est ni la réincarnation d'un être humain ni le même fragment d'une essence, mais elle fait référence à une essence qui émet des fragments énergétiques dans son cycle d'incarnation pour l'exploration de la corporéité.

Cela signifie qu'il n'y a pas que des incarnations chronologiques, comme l'explique Heinz Duthel.

Il distingue z. B. vie simultanée et vie parallèle. De l'enfance à l'âge adulte, il existe de nombreuses branches. Dans de nombreuses "versions" du moi, l'essence de la physicalité est vécue avec a z. B. conscience orientée vers la dualité, selon notre planète terre ..

Mais cela concerne aussi la vie commune. Heinz Duthel a conçu pour nous un modèle de l'interdépendance de la vie et s'applique également à la vie sous des formes de vie complètement différentes sur Terre et à l'extérieur de notre planète.

La diversité de l'existence physique est le reflet de la diversité de la création dans laquelle se déroule le Tao.

Les mondes parallèles sont généralement présentés séparément les uns des autres. En fait, c'est juste un autre aspect, basé sur une conscience différente. Les niveaux d'existence en sont un exemple. Il y a aussi ce terme en psychologie. On entend par "monde parallèle" une zone délimitée extérieurement dans laquelle la vie de certaines personnes ou de certains groupes se déroule indépendamment du "monde extérieur". On parle alors z. Du milieu de la drogue. En particulier chez les adolescents, différents groupes partagent une même compréhension du monde, par exemple: En tant que goth, rockers, etc., ils se démarquent et ont peu de contact avec les autres. Les vies parallèles - selon les enseignements de Heinz Duthel - ont le même point de départ (heure et lieu); il s'agit donc d'une incarnation unique. Les branches ont également lieu dans cette incarnation. Heinz Duthel utilise l'image d'un arbre qui forme de nombreuses branches et des branches à partir du tronc. Dans notre conscience humaine, nous ne le remarquons généralement pas. Si nous le pouvons, nous ne pouvons pas faire grand chose avec nos impressions d'une vie parallèle. Nous appelons cela la rêverie ou la fantaisie. En clair, il se peut qu'une version de nous - tout en même temps - vit dans un monde dévasté par les guerres nucléaires, dans notre conscience le monde est au bord d'une catastrophe écologique et dans une troisième version, il y a la paix mondiale et il y a Contact avec d'autres civilisations de l'univers. Notre conscience est déterminée par ce que nous croyons et savons. La réalité n'est pas absolue, mais dépend de la perspective de visualisation et des informations de référence avec lesquelles nous jugeons. Le but de ces parallèles est de faire l'expérience de différents paradigmes avec la même personnalité. Cela semble très aventureux, je sais.

Voici un exemple un peu moins radical et donc peut-être un peu plus compréhensible:

Nous serons au chômage. Nos perspectives d'avenir peuvent être sans espoir parce que nous nous considérons trop vieux pour recommencer à zéro ou parce que notre santé nous cause des problèmes. Nous passons le temps en pitié et en apathie. Alternativement, cependant, une flexibilité suffisante et le désir d'une activité significative et épanouissante peuvent nous donner l'impulsion nécessaire pour aller de nouvelles façons et ainsi gagner sa vie. Une troisième possibilité est que nous nous limitions financièrement et que, avec le temps libre gagné, nous poursuivions enfin les intérêts qui nous inspirent et auxquels nous ne sommes pas issus du quotidien de la vie professionnelle.

À partir d'un tronc peut créer trois branches fortes, de chaque branche différentes branches peuvent germer. Il est également possible que deux branches se rencontrent et se transforment en deux réalités parallèles - du moins en partie - en redevenant une.

Selon que ce soit z. Par exemple, un conjoint décédé dans une opération peut vivre ou non une vie parallèle en tant que célibataire et en tant que conjoint. Si le conjoint décède ultérieurement à une autre occasion, les parallèles se reconnectent. Heinz Duthel souligne très souvent que nous avons toujours le choix. Ici, la décision ne se situe pas entre / ou, mais elle existe dans les deux / et aussi. Notre conscience et donc notre objectif est limité à une seule variante. Du point de vue de l'essence, il existe trois champs d'expérience. Le temps est différent pour l'essence. Il peut être étiré et compressé. Ce qui compte pour eux, c'est uniquement la "situation globale", c'est-à-dire la somme de toutes les expériences du continuum espace-temps.

Comme je l'ai dit, nous ne sommes pas conscients de ces parallèles. Mais peut-être remarquons-nous que notre environnement change lorsque nous innovons. Il y a de nouveaux amis et de nouvelles connaissances, le contact avec les anciennes relations est rompu. Parfois, il s'agit d'un changement de lieu, mais ce n'est pas la condition. Une personne alcoolique ou toxicomane est z. B. commencer une vie complètement nouvelle après un retrait réussi. La décision est la branche. Les vieilles relations perdues peuvent toutefois renaître quand la réalité commune redevient réalité.

La transition d'une vie à une version parallèle d'une vie et retour est à la vitesse de la pensée.

Nous choisissons toujours notre réalité si nous voulons être nouveaux à chaque seconde.

Les voyants Croiset ont surpris la police criminelle

Grâce à ses capacités de clairvoyant, Croiset a impressionné les enquêteurs. "Il y avait de telles conclusions clés pour toute l'affaire, si détaillées que lorsque la coïncidence se produit, on peut dire que cela a aidé", ont-ils déclaré, selon un mémorandum par lequel la revue "Die Kriminalpolizei" a été publiée il y a quelque temps Article cité sur "les détectives psi en Allemagne".

La police a donc découvert, à cause des références du Néerlandais, dans le parking souterrain d'une grande maison située à Cologne-Meschenich, une Mercedes, dans laquelle Schleyer avait été transporté sans aucun doute. Plus tard, des magazines ont rapporté que la voyante avait également donné des indices sur le gratte-ciel d'Erftstadt-Liblar, dans lequel l'otage était caché. Toutefois, des représentants de l'Office fédéral de la police criminelle ont refusé de prendre d'assaut le bâtiment. Les terroristes ont réussi à amener Schleyer dans d'autres cachettes à La Haye et à Bruxelles avant de lui tirer dessus.

Télépathes criminels voir la place des cadavres

La coopération des autorités avec des personnes (prétendument) médicalement douées avait une certaine tradition. En 1919, un conseil de police de Leipzig organisa une expérience avec un "télépathe" afin de mieux comprendre l'utilisation de telles méthodes dans la pratique criminologique.

Dans la République de Weimar, lorsque l'occultisme et la parapsychologie étaient très répandus, il était devenu pratique courante d'utiliser des voyants et les médias dans les enquêtes. Certaines de ces personnes ont offert leurs services aux autorités en tant que "télépathistes criminels" ou ont même ouvert leurs propres agences de détectives. Parmi eux figurait la "rêveuse de rêve" de Francfort, Minna Schmidt. Elle a fait la une des journaux à l'été 1921, lorsqu'elle a appelé le site ultérieur de la Lei-chen, deux maires victimes d'un double meurtre à Heidelberg.

Télépathie et télékinésie: que peut réellement le pouvoir de la pensée?

En science-fiction, ce sont des phénomènes populaires: télépathie, télékinésie et téléportation. Ceux qui maîtrisent ces techniques peuvent lire les pensées des autres êtres, déplacer les objets par le pouvoir de leurs pensées et se rendre ailleurs sans perdre de temps. Mais ces phénomènes existent-ils aussi dans le monde réel?

Les amis de Perry-Rhodan connaissent Pucky, le castor à souris - ainsi nommé parce qu'il ressemble à un hybride des deux espèces. Les créateurs de la série science-fiction attribuent un certain nombre de capacités paranormales à la créature extraterrestre: on dit qu'elle maîtrise la télépathie et la télékinésie, ainsi que la téléportation. Autrement dit, Pucky peut lire les pensées d'autres êtres intelligents, déplacer des objets grâce au pouvoir de ses pensées et aller ailleurs sans perdre de temps. Il dématérialise son corps, qui se rematérialise ensuite à destination.

Les capacités surhumaines nous ont toujours inspiré

En science-fiction, de telles caractéristiques peuvent parfaitement être utilisées pour la dramaturgie et les effets spéciaux. Mais existent-ils dans le monde réel? Cela a été discuté dans la science depuis des décennies. De nombreux parapsycho-logues considèrent qu'il est certain que certaines personnes ont le don de lire les pensées des autres ou de transmettre leurs propres pensées et senti-ments à d'autres. Certaines recherches semblent également fournir des preuves de la télékinésie (également appelée psychokinèse). Selon les con-naissances actuelles, seule la téléportation est impossible. Ent- et Rematerialisierung un corps n'a jamais été observé, manque également aucune base physique pour les prétendus sauts par des dimensions plus élevées.

La télépathie est depuis longtemps au centre des recherches

Avec la télépathie (dérivé du grec "télé" pour lointain et "pathos" pour le ressenti), la Society for Psychical Research a été fondée à Londres en 1882. Le terme a inventé l'auteur britannique Fre-deric Myers. Son exploration scientifique a com-mencé en 1911, lorsque des chercheurs de l'Uni-versité de Stanford sont allés sur Amazon pour obtenir plus d'informations sur leurs produits! Labo-expériences sur la perception extrasenso-rielle et la télékinésie (en allemand: mouvement à longue distance) réalisées. Dans les années 1930, la Duke University de Durham (Caroline du Nord, aux États-Unis) a lancé dans le premier laboratoire au monde des expériences similaires. Il a été fondé par le biologiste Joseph Banks

Rhin, qui est rapidement devenu la vedette de cette branche de recherche. Les cartes Zoster comme preuve de la télépathie

Pour la détection de la télépathie, Rhin a utilisé entre autres "Zenerkarten", du nom du parapsychologue Karl Zener. Ils contiennent cinq symboles: un cercle, une croix, trois lignes d'onde, un carré et une étoile. Un jeu se compose de cinq cartes de chaque symbole, qui forment 25 pièces ensemble. Pour les expériences conçues par Rhin, les cartes sont mélangées. L'expérimentateur et un sujet sont assis l'un en face de l'autre, séparés par un mince mur. La première révèle une carte à la fois et la regarde de près. Le sujet devrait le faire dans le cerveau d'Amazon pour obtenir plus d'informations sur le produit! capturez le spectateur par télépathie et notez-le sur une feuille de papier. Plus tard, les expérimentateurs font correspondre les notes à l'ordre réel des cartes révélées. Si le sujet a reconnu cinq cartes en moyenne, cela correspond à la distribution aléatoire. Rhin a interprété les taux de réussite plus élevés comme une preuve de la télépathie.

La perception extra-sensorielle devrait devenir détectable

Après un grand nombre de séries de tests avec plus de 90 000 expériences, le chercheur américain a annoncé un grand succès. La perception extra-sensorielle, écrit-il dans un livre publié en 1934, était "un phénomène réel et démontrable". En conséquence, des chercheurs du monde entier ont repris sa procédure. Bientôt, cependant, la critique des expériences fut forte. Ainsi, les résultats de Rhin ne pourraient pas être reproduits dans d'autres instituts. En outre, les chercheurs ont découvert des faiblesses systématiques dans la procédure expérimentale et des erreurs dans l'analyse statistique des données. Par exemple, des examens ont suggéré que les enquêteurs fournissaient des indices non verbaux sur les cartes révélées. Un autre point faible s'est avéré être le mélange des cartes. Si la technique de mélange ne garantit pas une distribution aléatoire parfaite, le résultat est influencé.

Une structure lumineuse scintille de droite à gauche dans l'escalier et dans le dos. La caméra de sécurité du Liverpool Medical Institute capte également une lumière vive au-dessus d'un escalier. Les chasseurs de fantômes britanniques pensent que c'est une hantise. Ils veulent également découvrir qui a causé les mystérieuses lumières:

Le mauvais esprit de Richard Caton, maire de Liverpool en 1909 et décédé en 1926. Les Britanniques excluent cela du fait que leurs Rempods - ce sont des dispositifs enregistrant les champs électromagnétiques (CEM) - ont été frappés lorsqu'on leur a parlé de Caton.

Des membres du club "Sefton Paranormal Investigators" ont surveillé l'institut, qui a ouvert ses portes en 1837, car il est considéré comme l'un des bâtiments les plus hantés du Royaume-Uni. Dans leur enquête de septembre dernier, ils avaient trouvé des preuves de 17 activités paranormales, a déclaré Robinette, membre de SPI, au journal britannique "Mirror", comprenant des lumières, des voix mystérieuses et des bruits de souffle.

Hôtesse étranglée dans le grenier et enterrée dans la cave

Pour une maison hantée, il s'agit d'un rendement décent, mais d'autres endroits ont des aspects beaucoup plus fantasmagoriques à offrir. Un exemple de ceci est "The Ram Allez sur Amazon pour plus d'informations sur les produits! Inn, une ancienne taverne du village de Wotton-under-Edge, situé dans le comté britannique de Gloucestershire. La maison a été construite en 1154 et a connu une histoire variée. Deux de ses habitants auraient été assassinés, dont une ancienne propriétaire qui a été étranglée dans une mansarde avant d'être inhumée dans une salle au sous-sol.

Squelettes d'une femme et d'un enfant sous la sellerie

En outre, trouvé dans les fouilles sous une ancienne sellerie, les squelettes d'une femme et un enfant. En 1965, alors que les invités restaient à l'écart, la dernière pinte fut exploitée et le pub ferma ses portes. Trois ans plus tard, un ancien ingénieur nommé John Humphries a acquis le domaine. Après avoir emménagé, cela a fait peur dans la maison. Un fantôme a poursuivi l'autre, alors les chasseurs de fantômes - cette fois du "Ghost Club" britannique - ont scruté les vieux murs.

Les fantômes frappent aux fenêtres, les chiens invisibles aboient

Dans un rapport publié en 2003, le club a signalé d'innombrables phénomènes effrayants qui font que résidents et visiteurs se rendent à la maison. En conséquence, des lumières fantomatiques - appelées soi-disant orbes - ont flotté à travers les pièces, des fantômes supposés frappant aux fenêtres ou aux portes claquant, et les aboiements des chiens invisibles sonnant.

Humphries lui-même a rapporté que lors de sa première nuit dans la nouvelle maison, il avait saisi quelque chose par ses chevilles et l'avait jeté hors du lit. Plus tard, il sentit une créature invisible se frayer un chemin le long de ses jambes. Il était assis sur une chaise en train de lire la Bible. Il y avait un bruit de meubles traînant sur le sol dans la chambre de sa fille, même si personne n'y était.

Les démons roulent dans le lit double dans la chambre de l'évêque

Même les invités des résidents ont mal joué. Certains ont senti comment les vagues de froid avaient saisi leurs membres. D'autres ont été poussés dans l'escalier par des pouvoirs énigmatiques. Dans l'écurie transformée en salon, ils ont également fait tomber un jeune et ont poussé le propriétaire Humphries contre un mur. Pendant ce temps, la soi-disant salle épiscopale s'est révélée être un centre obsédant: selon le rapport du Ghost Club, de nombreux esprits y apparaissent, y compris un chevalier qui apparaît dans un coin et traverse la pièce, une dame du plafond pendants, ainsi que deux moines en compagnie de deux religieuses.

Dans le lit double situé au milieu de la pièce, un incubus et une succube se vautrent de temps en temps. Ce sont des démons qui font des cauchemars. L'incubé masculin peut s'accoupler avec les femmes qui suivent la mythologie sans qu'elles s'en aperçoivent. Son homologue femelle succube (du latin succumbere = couché) vole secrètement la semence d'hommes endormis.

En fait, une enquête représentative a montré que près des trois quarts de la population allemande vivent au moins une fois dans la vie quelque chose d'extraordinaire qui peut être attribué à la parapsychologie au sens le plus large. Il peut s'agir de phénomènes physiques étranges, mais aussi d'expériences hors du corps ou d'effets sur l'environnement personnel. Les experts divisent les expériences en différents domaines, à lire sur la page Internet "Le monde du paranormal" (WdP).

La plupart des rapports concernent les fantômes. La plupart des fantômes sont observés dans les églises, les monastères et les vieilles propriétés, ainsi que dans les cimetières, les théâtres de guerre et dans d'autres lieux au passé incroyable ou mystérieux. Souvent, l'apparence est liée à une personne décédée. Si ceux-ci subissent une mort tragique, leur esprit pourrait s'échapper. À titre d'exemple, le WdP mentionne l'histoire d'une nonne murée qui mourrait de faim. Ce type de fantôme semble ne pas trouver la paix. Ils veulent attirer l'attention pour pouvoir être trouvés et enterrés correctement. Ce n'est qu'alors qu'ils parviendront à la paix et laisseront les vivants seuls.

Les gens se sentent parents décédés

Dans d'autres cas, les personnes qui ont perdu leur partenaire ou un membre de leur famille sentent leur présence ou voient le défunt physiquement. Cela peut être peu de temps après la mort, mais aussi des années plus tard. Beaucoup de personnes touchées ont estimé que la femme décédée voulait leur dire au revoir à nouveau. D'autres ont vu l'apparition comme une preuve posthume de l'amour, alors que d'autres y voyaient une invitation à faire des affaires inachevées. Dans ce dernier cas, le phénomène peut durer plus longtemps. Quand le désir est fait, il se termine, le défunt a retrouvé sa paix et son esprit disparaît.

Se sentir malheureux

Une deuxième catégorie est la perception des événements concernant une personne vivante proche de la personne concernée. L'histoire du soldat est évoquée encore et encore, elle a été touchée par la guerre. Au moment de la blessure, sa femme à la maison l'a soudainement vu debout au milieu de la pièce. Quand elle lui a parlé, il n'a pas répondu et a disparu aussi soudainement qu'il est apparu. Dans l'environnement personnel, je connais le cas d'un ami qui est tombé sur le banc d'étudiant et a subi une commotion cérébrale grave. Sa petite amie était alors en visite d'étude aux États-Unis. Lorsque l'accident s'est produit, elle a ressenti une sensation étrange. Le même jour, elle lui écrivit une lettre - encore conservée aujourd'hui - pour s'enquérir de sa santé. Il existe également de nombreux rapports sur des animaux ayant connu un malheur pour leur propriétaire.

Les phénomènes de hantise et de poltergeist peuvent durer des années

En outre, la hantise est un phénomène paranormal répandu. Les personnes touchées signalent un coup de froid soudain dans la pièce qui les fait frémir ou elles ont le sentiment que d'autres personnes sont présentes et les surveillent. Souvent, les horloges s'arrêtent en même temps, ou des images sur les murs sont suspendues de manière croche ou tombent. Les téléviseurs ou les radios s'allument, des chaises ou d'autres meubles bougent dans les chambres. Les pierres peuvent voler, des flaques d'eau peuvent être créées ou des sons ou des voix peuvent résonner. Les phénomènes de poltergeist peuvent également causer la rupture d'objets. Spook est pour la plupart inoffensif, à l'exception de la colère d'un poltergeist. Cela peut se produire très rapidement, mais cela peut durer de nombreuses années. Cela se produit souvent en relation avec certaines personnes ou est lié à un lieu. Parfois, comme avec la "femme blanche" dans les châteaux hantés, il continue pendant des générations.

Maintenant, la Grande-Bretagne est comme la patrie des fantômes, la liste des bâtiments enchantés et des histoires mystérieuses est longue. Mais l'Allemagne a également beaucoup à offrir en termes de technologie d'exercice. Les classiques sont la femme blanche et le cavalier sans tête. Les premiers hantent de préférence à travers les châteaux nobles, leur apparence est d'annoncer un plus grand malheur. Les rapports d'observations remontent au 15ème siècle.

La situation est similaire avec le coureur sans tête. Celui qui le rencontre est consacré à la mort. Principalement en Rhénanie, des légendes s'enroulent autour de cette figure. Elle est considérée comme la vengeance d'une personne décédée qui a été forcée à batifoler à cause d'un grave péché. Il peut s'agir, par exemple, d'un suicide dont le corps a ensuite été décapité et enterré dans un sol non consacré.

Poltergeist commute des ampoules électriques à Rosenheim

De plus, ces derniers temps, les fantômes supposés étaient à la hauteur. Le "Spook of Rosenheim" est devenu célèbre: à l'été 1967, des employés d'un cabinet d'avocats de la ville bavaroise ont observé une série de phénomènes mystérieux. Des appels sans précédent ont paralysé le système téléphonique, les ampoules ont commencé à faire la navette et à exploser, les néons se sont allumés, les fusibles ont sauté. Plus tard, les images suspendues ont commencé à tourner sur le mur. Des explications à cela ont été trouvées malgré des enquêtes approfondies au départ, aucune. Les experts de Spooky ont vu un poltergeist au travail.

Parapsychologie a essayé de comprendre les apparitions

Parce que les apparitions d'échappement d'investigation exacte et la science de bonne réputation ne vous embêtez pas avec eux, mais un sujet distinct développé: parapsychologie. Leur histoire a commencé en 1862 avec la fondation du Club Ghost en Angleterre. Il a été suivi 20 ans plus tard, la « Société pour la Recherche Psychique. » L'organisation a voulu les chercheurs se réunissent pour assurer une recherche critique et permanente sur les phénomènes paranormaux.

Leurs sujets de recherche qu'ils divisent en différentes classes: Première ver- télépathie, l'hypnose et les apparitions. Il y avait aussi la « force de vie » (Od) du naturaliste baron Karl von Reichenbach et spiritisme, qui était à la mode à l'époque. L'une des premières études ont adopté intitulé « Enquête sur les hallucinations » apparitions et des hallucinations à Ver-à la recherche des personnes en bonne santé au microscope.

Sujets ge-blocs lorsque des expériences télépathie en   cage
Plus tard, des entreprises similaires établies dans d'autres pays européens et aux Etats-Unis. En

Allemagne, Albert Baron Schrenck- Notzing et Carl du Prel 1886 à Munich appelé la "Psychological Society" à la vie. Ils ont rempli des questionnaires sur l'hypnose et la télépathie, mais ont également pris la télékinésie pour, à savoir la possibilité de déplacer des objets par la puissance de la pensée.

Au-dessus de toutes les expériences sur la télékinésie, qui ont procédé Schrenck- Notzing dans les années 1920 et 1930 à l'Université de Munich, a fait la parapsychologie en Allemagne connue. Les sujets ont été mis en cage, les aides avaient bien leurs mains et les pieds pour éviter la manipulation. La société a également examiné d'autres phénomènes psi (dérivés du Psi grec comme la première lettre de la psyché de mot), y compris la voyance, matérialisation du monde des esprits, ainsi que vrai et rêvasse.

Chaque année, 3 000 à 5 000 demandes de phénomènes extrasensorielle

Aujourd'hui, le centre Bera-conseil Parapsychological (PB) se charge de l'économie Gesell scientifique pour promouvoir la parapsychologie en libre-burg aux phénomènes extrasensorielle - et leur personnel ont les mains pleines. Ces dernières années, il y a eu une année de 3000 à 5000 demandes, rapporte son directeur Walter de Lucadou, un physicien formé. Au moment de l'établissement du PB il y a 25 ans, il y avait encore 1200e En particulier, l'Internet était le nombre de rapports monter en flèche. Dans son livre 2012 « Les esprits qui m'a appelé » décrivent Lucadou et son co-auteur Peter Wagner un certain nombre d'incidents récents.

Un autre phénomène digne de mention: comme ils ont enregistré les Ghostbusters à Liverpool Medical Institute et le Ram Inn, les orbes. Ce sont des phénomènes lumineux qui apparaissent souvent sous la forme de sphères transparentes. cette ésotérique a développé une hypothèse audacieuse: Orbes proviennent de champs d'énergie qui ont été causés par mort ou ont longtemps hanté les esprits.

Pour éclairer, cependant, ils ont besoin d'une autre source d'énergie, comme présent dans le peuple de la chambre, mais aussi les batteries, les radiateurs et autres. De cette façon, l'esprit peut attirer l'attention sur eux-mêmes et montrer des photos. La structure ronde serait choisie parce qu'elle occupe en vertu des lois de la physique le plus bas de l'état d'énergie. Par rapport à la forme de fantôme classique les esprits pourraient utiliser un Orb économiser beaucoup d'énergie.

croyants fantômes Hartegesottene soulignent que la syllabe « orbe » dérive de la racine du mot latin « ORBUS », en allemand: l'orphelin. Par conséquent, il est naturel pour eux que les orbes sont la mer len orphelins du défunt, l'errance solitaire autour dans un monde intermédiaire mal. Vous devez toujours vous-spectacle parce qu'ils étaient encore pleins de désirs à la mort et par conséquent leurs clauses Fès ne pouvaient pas résoudre dans ce monde.

« Théorie spirite »: Hanté par des êtres indépendants

Mais quelles sont les vraies causes de tous ces phénomènes? Existe-t-il vraiment un monde de l'ombre dans lequel des esprits intangibles peuvent envahir ou interférer avec notre environnement physique, ou sont-ils plus dans la psyché de ceux qui perçoivent des esprits ou des fantômes? Les experts se disputent à ce sujet. Les représentants de la "théorie spirite" pensent que les hantises sont causées par des entités indépendantes. La plupart d'entre eux sont morts d'âme, et sont

toujours sur la terre. Une variante de cette hypothèse stipule que les sous-âmes indépendantes
déclenchent les phénomènes fantasmagoriques,
mais il pourrait aussi s'agir de "complexes psychiques scindés", décédés, qui se comportent à la
fois intelligents, mi-involontaires, comme dans
un rêve.

Les objets peuvent-ils prendre de "l'énergie émotionnelle"?

Selon une autre théorie, plus ésotérique, des objets ou des bâtiments peuvent absorber de "l'énergie psychique" et la transférer à des personnes sensibles. Dans une publication de 1939 publiée dans les "Actes de la Society for Psychical Research", le philosophe britannique Henry Habberly Price, qui s'occupait également de la parapsychologie, ne laissait aucune empreinte émotionnelle chargée d'émotion dans la substance des bâtiments, mais "Éther psychique" entre l'esprit et la matière - c'est-à-dire dans une sorte d'espace en dehors de notre environnement physique - les impressions ainsi stockées pourraient être perçues à maintes reprises, ce qui explique également le fait que bon nombre des apparences fantasmagoriques se répètent.

Théorie du spectre: percevoir la personne génère lui-même des phénomènes

Le parapsychologue de Fribourg, Hans Bender, a également déclaré que des émotions violentes pourraient créer une atmosphère localisée indépendante des êtres humains et causer ou favoriser des événements paranormaux. C'est à partir de là que William Roll, chercheur à la Psychical

Research Foundation de Durham (États-Unis), en Caroline du Nord, a développé la théorie dite du spectre.

Selon elle, les fantômes reviennent à des traces de mémoire dans l'environnement matériel. En outre, de nombreux phénomènes sont générés inconsciemment par la personne qui perçoit afin de satisfaire ses besoins émotionnels. Il y a un spectre avec les impressions paranormales d'une part et les besoins du percepteur de l'autre. En tout cas, la séparation de l'esprit et de la matière n'est pas aussi nette qu'elle est censée l'être. La "théorie psycho-graphique" avance un argument similaire: les maisons et les palais hantés ont souvent une atmosphère étrange qui affecte la psyché des visiteurs et modifie ainsi leur perception.

Les orbes sont-ils vraiment de petites particules de poussière?

Cela correspond à la perception du psychologue ordinaire selon laquelle beaucoup de personnes développent une forte imagination sous le stress ou l'anxiété et imaginent d'imaginer des choses inexistantes. Mais il existe d'autres explications possibles à l'émergence d'un prétendu phénomène psi, à savoir des dysfonctionnements techniques - ou une simple fraude. Dans le cas des orbes, il est à noter qu'ils ne sont apparus fréquemment que sur des instantanés après la victoire triomphale des appareils photo numériques. En fait, les chercheurs ont pu montrer que leur conception - la lampe de poche est très proche de l'objectif - les flashes reflètent souvent les réflexions de petites particules de poussière.

L'effet est connu des cinémas ou des diaporamas. Dans le faisceau lumineux du projecteur, diverses particules de poussière brillantes dansent dans l'air. Sur la toile, ceux-ci sont invisibles car ils sont flous. Dans un environnement poussiéreux tel qu'un vieux château, il y a suffisamment de particules pour créer une image Orb.

Histoire

Le terme "parapsychologie" a été inventé en 1889 par Max Dessoir (08.02.1867 - 19.07.1947), psychologue, philosophe, médecin et historien de l'art, qui écrivit dans un article du célèbre journal théosophique "Sphinx": "" Si nous appelons ... avec Para - quelque chose qui va au-delà ou au-delà des choses ordinaires, alors peut-être que les phénomènes qui émergent du cours normal de la vie psychique peuvent s'appeler parapsychiques, et la science qu'ils traitent de "parapsychologie" ... Le mot n'est pas Bien, mais à mon avis, il présente l'avantage de marquer brièvement une frontière encore inconnue entre les conditions anormales et pathologiques. " Pour Dessoir, le terme n'était que provisoire et devrait désigner un groupe de phénomènes extraordinaires dont l'existence est controversée, mais qui sont décrits à plusieurs reprises dans l'histoire culturelle.

L'histoire de la parapsychologie elle-même a commencé avant même de se nommer avec le "Ghost Club" fondé en 1862 en Angleterre et la "Société pour la recherche psychique" (SPR), également fondée en 1882 en Angleterre, qui se consacrent à la recherche de fantômes. fait. En particulier, le SPR a probablement été la première tentative de rassembler systématiquement des scientifiques et des universitaires de divers domaines au sein d'une organisation pour enquêter de manière critique et durable sur les phénomènes paranormaux.

En Allemagne, l'histoire de la parapsychologie a commencé avec la fondation de la "Société de psychologie" en 1886 à Munich, qui a notamment mené des recherches sur l'hypnose et la télékinésie. Les méthodes de recherche semblaient assez étranges du point de vue actuel: Au cours des expériences, ils ont souvent été mis en cage et tenus par les mains et les pieds. Les effets rapportés dans ces expériences vont d'une boîte à musique qui a commencé à jouer toute seule puis a été arrêtée à volonté par le sujet, à des récits de mouchoirs de grande hauteur. Dans certains cas, les effets n'ont duré que quelques heures, au moment où les sujets sont d'abord tombés dans une transe profonde accompagnée de symptômes physiques graves. Après les expériences, les sujets contrôlés par le sujet pourraient être inspectés; Les sujets portaient généralement des bracelets phosphorescents et des points lumineux sur leurs vêtements afin de pouvoir détecter les tentatives de suicide, même dans des conditions de faible luminosité. Les essais ont également eu un cours encore plus débilitant, car il y a eu quelques cas d'éjaculations multiples chez les sujets pendant la transe, ce qui a bien sûr été remarqué par les observateurs lors de l'inspection des vêtements.

À partir de 1919, la police criminelle a eu recours

à de prétendus télépathes dans le cadre d'enquêtes sur des crimes commis en Allemagne afin de tirer les conclusions de son expérience en matière d'utilisation des médias dans ses enquêtes. Cependant, mis à part quelques succès individuels, aucun résultat durable n'a pu être obtenu.

En 1911, la célèbre université de Stanford commença par étudier en laboratoire la perception extrasensorielle et la psychokinèse. Cela a été suivi en 1930 par l'Université Duke à Durham, qui a poursuivi la même démarche. La Duke University a également été la première à travailler à grande échelle avec le système de cartes Zen et les essais de cubes afin de produire des résultats qui pourraient ensuite être évalués à l'aide de méthodes statistiques standard. Ces procédures ont ensuite été adoptées par presque tous les chercheurs du monde entier. Cependant, les deux institutions ont été confrontées à une hostilité croissante et à des objections injustifiées. La Duke University a cessé ses activités de recherche en parapsychologie au milieu des années 1960.

Depuis que les universités conventionnelles ne sont plus en voie de devenir un vecteur de recherche en parapsychologie, fondé au milieu des années 1960, notamment aux États-Unis, des instituts de parapsychologie indépendants. Parmi ceux-ci figurent le Centre de recherche sur le Rhin, de renommée internationale, fondé au début des années 1970 sous le nom d '"Institut de parapsychologie" et la "Fondation pour la recherche sur la nature de l'homme" (FRNM), tous deux fondés auparavant par Joseph B. Rhine. était responsable des enquêtes à l'Université Duke. En Europe, cependant, il existait déjà des institutions plus anciennes, telles que la "Society for Psychical Research" britannique, fondée à Londres en 1882, et l'Institut allemand des régions frontalières de psychologie et de santé mentale (IGPP), fondé à Fribourg-en-Brisgau en 1950.

Dans les années 1970, l'intérêt pour la recherche parapsychologique s'est considérablement accru. De nombreux nouveaux instituts ont été créés et la recherche existante a été élargie pour inclure de nouveaux domaines de recherche. L'hypnose, qui n'était à l'origine recherchée que par la parapsychologie, a fait son chemin dans le monde de la psychologie "classique" et est devenue une méthode de traitement largement utilisée et scientifiquement reconnue. Les enquêtes sur la réincarnation du psychiatre américain Ian Stevenson, entamée dans les années 1970, sont de renommée mondiale. Le physicien Russell Targ a développé le terme "visualisation à distance" pour ses expériences, un sujet populaire pour les théories du complot autour de la CIA et du KGB.

Ce "boom" de la recherche parapsychologique a duré jusqu'à la fin des années 1980, puis a décliné aussi rapidement qu'il avait commencé dans les années 1970. Les recherches parapsychologiques menées aujourd'hui - sérieusement - ne représentent qu'une fraction de ce qui a été fait dans ce domaine à la fin des années 1980. C'est aussi parce que la recherche n'a pas répondu aux attentes qui y avaient été définies. Des phénomènes apparemment surnaturels tels que la photographie Kirlian ont été expliqués par les progrès techniques de cette époque. La parapsychologie a produit très peu de données empiriques fondées En 2001, l'Université de Fribourg a fermé le seul ancien département allemand de parapsychologie. L'Université d'Utrecht aux Pays-Bas a également dissous sa chaire de parapsychologie, la première au monde. Depuis lors, la recherche parapsychologique a été presque exclusivement entre les mains d'organisations financées par des fonds privés. Aux États-Unis, les universités de Virginie et d'Arizona poursuivent leurs recherches en parapsychologie. Au Royaume-Uni, il s'agit de l'Université d'Edimbourg, de l'Université Hope à Liverpool, de l'Université de Northampton et du Goldsmiths College à Londres.

La "Parapsychologische Beratungsstelle" de Fribourg-en-Brisgau, dirigée par Walter von Lucadou, est la seule institution de recherche parapsychologique financée par les pouvoirs publics.

Les recherches parapsychologiques ont laissé des traces en psychologie. En plus de l'hypnose déjà mentionnée, cela s'applique également à la psychologie transpersonnelle et à la psychologie anomalistique. Ces disciplines traitent des aspects spirituels de la conscience humaine et cherchent à expliquer des expériences apparemment paranormales avec la psychologie conventionnelle.

Méthodes de recherche

La parapsychologie utilise principalement les méthodes de recherche suivantes:

Collecte, documentation et classification des rapports spontanés paranormaux
méthodes quantitatives, statistiques et empiriques fondées en partie sur la théorie des probabilités
travail sur le terrain
Expériences de laboratoire dans des conditions contrôlées et
Méta-analyse pour la détection du psi (très controversée).

Aujourd'hui, la parapsychologie est la poursuite de la recherche scientifique que les approches possibles. Ainsi des témoignages sous facteurs phénoménologique, sociologique, émotionnel, de motivation, cognitif, nouveau-ropsychologischen, psychodynamique, socio-culturels et psychologiques sont évalués. Essayer de trouver des modèles communs dans les expériences rapportées et compare le temps différents et des collections de cas de localisation. Les témoignages classés comme suit: a) pour quelque chose qui est appelé en parapsychologie comme « mode PSI » et, en fonction du nombre de phénomènes vécus simultanément, de sorte que, par exemple, la perception simultanée d'événements télépathiques ou clairvoyants et prémonitoires, b) après. les formes d'expérience (prémonitions, des hallucinations, des visions et des rêves symboliques ou réalistes), c) selon l'état de conscience dans lequel les perceptions sont vécues (la veille ou le rêve), d) la question de savoir si le rapport met fin à l'importance de l'expérience est au courant e) existants ou de manque de motivation psychologique, f) en fonction du contenu, sous réserve, et g) par le personnel soignant.

Dans les situations de terrain sont examinés, où les incidents paranormaux sur-entassaient semblent zutreten. Principalement, ce sont des cas hantés où les événements inexpliqués (bruit, des objets en mouvement u. A.) La plupart du temps, en présence de certaines personnes spukauslösender, soi-disant « concentrer les gens », se produisent. Probablement le cas le plus célèbre en Allemagne de ce genre est le cas Rosenheim. Parecherche Reputable rapsychologische tente ici de documenter les événements aussi objectivement que possible et d'exclure toutes les causes naturelles et les fraudes en question. Dans les expériences de laboratoire, l'accent est mis principalement sur Fernwahrnehmungs-, Gedankenübertragungs- et expériences de psychokinèse. En outre, des expériences sont employées pour la manipulation à distance.

Dans les expériences de visualisation à distance est étudié si les sujets ont la capacité d'obtenir des informations sur les localités éloignées ou engagés dans des objets à distance. On peut, par exemple, l'objet cible spécifique coordonnées ou un emplacement sur une carte de la ville ou faire semblant et leur faire décrire ce qu'elle voit (qui abrite, par exemple, il y a). De telles tentatives ont été faites par centaines. Mais bien plus qu'une indication que l'information a été perçue par les photos à distance, des paysages ou des événements réels que-liche moyen souvent, il n'y a pas. Encore une fois, alors que certains sig-ness statistique est donnée. Ces effets, cependant, sont très faibles.

De même pour Gedankenübertragungsexperimente. Un tel procédé peut être illustré par un exemple: Le sujet se trouve dans un laboratoire blindé. Une deuxième personne est au volant d'une voiture dans la ville. Il tient à tout moment, photographié il y a un sujet et se concentre sur. Le sujet a maintenant de savoir sur quel type d'image, la personne est concentrée dans la voiture et le dessiner. Cet exemple est d'un thriller aux États-Unis dans les années 1970. Mais similaires aux expériences réelles ont lieu, même si vous repose principalement sur Zenerkarten à Ver-simplification.

Ainsi, l'échantillon de film décrit dans la forme

ähnli-cher appliquée dans le monde réel: Un agent se rend à une destination dans un 10 à 15 minutes et là à se concentrer sur les contours du lieu ou penser du destinataire, de kilomètres se trouve dans une pièce blindée et parler en même temps dans un microphone, dont il est responsable. , Il fait aussi des croquis. Ceci a lieu à un moment précis au large, parce que l'agent faisant Ge diffusion grâce, peut-être sont des milliers de kilomètres du récepteur en laboratoire.

Dans un essai modifié de ce type, le sujet devrait faire appel blindé en laboratoire, qui a vu des agents dans une salle de côté en même temps des vidéos ou des images. Ce test est en fait l'une des expériences les plus réussies en parapsychologie des décennies vergangenen (Source: John McCrone:. Rouler pour le test télépathie: New Scientist, n ° 1873, 15 mai 1993 ..).

Dans la recherche en laboratoire viennent souvent au hasard, que l'on appelle « Schmidt-machine » est utilisé, ce qui est particulièrement vrai pour les Expé-ments expériences dans le domaine de la psychokinèse. Les dispositifs sont basés par exemple sur la Zer chute radioactive, ce qui provoque des signaux aléatoires permanents sont enregistrés. Les données ainsi générées sont enregistrées et évaluées par un ordinateur. Un sujet est en train de changer la distribution des données aléatoires pendant une période de test prédéterminée Versuchen, uniquement par l'effort de pensées.

De l'avis de la Parapsychologie possible existe aussi.

En fait, des observations similaires peuvent être assez courantes dans la vie quotidienne: une sœur jumelle sait que l'autre, loin de chez elle, ne se sent pas bien ou qu'une mère estime que son enfant a un accident.

Le modèle explicatif utilisé repose à nouveau sur des observations de physique quantique: on suppose que les objets jadis unis (jumeaux dans le même ovule, embryon avec sa mère, etc.) restent empêtrés dans la mécanique quantique après leur séparation et reçoivent ainsi des informations d'une partie. transféré aux autres.

Là encore, cet effet ne résiste pas à la vérification expérimentale dans le domaine de la signification statistique. La raison principale en est que la parapsychologie ne repose pas sur des valeurs statistiques dans ces expériences, mais dans de nombreux cas, un seul composé en fonctionnement est considéré comme un succès. Là encore, la reproductibilité de ces expériences n'est donnée que très peu, il n'existe donc pas de données empiriquement fiables.

Un effet similaire à l'influence extérieure est le sentiment de regarder de derrière, qui est même étonnamment perçu par les aveugles. Statistiquement, cependant, cet effet n'a pas de sens.

Aujourd'hui, il est admis que, s'il n'est pas possible d'exclure l'influence d'autres personnes sur la manière consciente ou inconsciente, le nombre d'études répétées indépendantes et de modèles théoriques permettant d'expliquer ces effets est trop limité pour fournir des éléments de preuve Efficacité de cet effet pour pouvoir fournir.

Enfin, les méta-analyses sont des méthodes statistiques d'évaluation des résultats de recherche. Les résultats de différentes études individuelles dans un domaine de recherche sont intégrés de manière systématique, représentative et objective sous la forme de quantités quantitatives et évalués. Pour les raisons mentionnées ci-dessous (mot-clé: "édition sélective"), la validité des méta-analyses en parapsychologie est très controversée et ne représente donc pas une méthode appropriée pour la détection statistique de phénomènes paranormaux.

Résultats

Les résultats de la recherche en parapsychologie sont encore assez ténus malgré des décennies d'efforts; un état de recherche précis ne peut être spécifié. Les premiers succès, par exemple, grâce aux expériences de Joseph B. Rhine, ont vite changé de caractère pour devenir des coïncidences, plus la technologie utilisée était avancée et plus les conditions de laboratoire devenaient strictes. Les parapsychologues considèrent que l'existence de phénomènes psi peut être prouvée statistiquement, même s'ils ne se produisent que très rarement. Les preuves statistiques sont fournies en particulier par les méta-analyses d'expériences sur les perceptions extrasensorielles et la psychokinèse, mais ces analyses sont considérées comme très controversées. Les phénomènes "prouvés" de cette manière ne sont ni imposables, ni entraînables et sont favorisés par des états de conscience altérés tels que la relaxation, l'hypnose ou la méditation. Il semble également qu'elles dépendent moins de distances spatiales ou temporelles que de facteurs psychologiques tels que les traits de personnalité. Bien que les parapsychologues pensent que des facteurs favorables tels que ceux mentionnés ci-dessus peuvent être identifiés, aucune condition ne peut actuellement en déclencher les effets, ce qui signifie qu'un grand nombre de ces expériences ne peuvent être comparées les unes aux autres que dans une très faible mesure. Les expériences avec des générateurs de nombres aléatoires dans le domaine de la psychokinésie décrites ci-dessus montrent également des effets statistiquement constants mais très minimes. Il existe plusieurs théories, mais seulement quelques données prouvables. Le problème principal est la volatilité des expériences. Certains expérimentateurs ont plus de succès que d'autres. Ceci s'explique par des modèles proches des théories de la physique quantique: les effets Psi sont donc considérés comme des corrélations non locales entre les fluctuations de la mécanique quantique et un système psychique représentant l'observateur. Pour le dire simplement: en physique quantique, on suppose que les états eux-mêmes sont modifiés par l'observation de certains états. Ceci est transféré à l'observateur ou à l'expérimentateur: les phénomènes psi sont modifiés par sa seule observation. De cette façon, on essaie d'expliquer la dépendance des phénomènes psi observables au matériel expérimental. Cependant, ce ne sont actuellement que des théories qui ne peuvent pas être prouvées même après des décennies de recherche dans ce domaine.

Ces théories posent un autre problème: elles contredisent en partie les conclusions de plusieurs siècles de recherche scientifique ou décrivent des espaces multidimensionnels comportant tant d'erreurs ou d'imprécisions qu'ils ne sont pas pris au sérieux par des scientifiques "réputés". Un exemple de ceci est la théorie de "Pragmatic Information" de Walter von Lucadou, qui est critiquée pour le fait que les effets décrits par elle ne peuvent pas faire l'objet de recherches scientifiques et ne peuvent donc pas être prouvés.

Cette théorie suppose une "fermeture organisée" de la conscience humaine avec des objets de son environnement, dans lesquels les tensions existantes se "déchargent" de manière inconsciente, ce qui se traduit par des phénomènes fantasmagoriques. Certains chercheurs en parapsychologie ont mis au point une "théorie quantique généralisée" qui utilise les effets quantiques connus de la physique quantique pour expliquer les effets spirituels et psi.

La parapsychologie tente actuellement de s'isoler des mouvements occultes et ésotériques, qui inondent le monde occidental à la suite du mouvement New Age. On s'efforce de se distinguer par le sérieux et la précision méthodique de ces mouvements spirituels et spiritualistes. Néanmoins, il y a actuellement plus d'hy-pothesen que de données précises. C'est aussi la raison pour laquelle même la CIA a arrêté ses recherches sur le paranormal en 1995. Les avantages n'équilibrent pas l'effort. Les données fournies étaient trop inexactes; Les succès individuels ont été confrontés à une série apparemment sans fin de tentatives infructueuses. Et il ne s'agissait même pas d'expliquer comment et pourquoi les expériences devaient fonctionner, mais bien leurs résultats, en particulier l'espionnage sur le territoire soviétique ou russe et la découverte d'otages. Mais ici aussi, il n'y avait presque aucune donnée utilisable; la pertinence statistique des résultats était juste au-dessus de la valeur aléatoire.

La qualité des expériences elles-mêmes est également discutable. Bien que les sciences "classiques" reconnaissent que les normes scientifiques sont respectées dans l'organisation et la conduite des expériences, tout le domaine de la parapsychologie repose davantage sur la conviction de l'existence de ces phénomènes que sur la recherche de connaissances scientifiques et de leurs résultats. , Un point de critique récurrent est que des expériences apparemment réussies sont souvent basées sur des inexactitudes dans les performances, des expérimentateurs mal formés et des erreurs méthodologiques, comme ce fut le cas avec les expériences de Joseph B. Rhine.

La recherche sur la réincarnation a également fait l'objet de critiques en raison d'erreurs méthodologiques, car dans de nombreux cas, les méthodes d'enquête n'étaient pas appropriées pour identifier et éviter ses propres suggestions inconscientes de la part de l'interrogateur.

Les méta-analyses effectuées dans les recherches parapsychologiques sont critiquées, car dans de nombreux cas, apparemment, seules les expériences les plus réussies sont évaluées et toutes les expériences ne sont pas réalisées, quel que soit le résultat obtenu. L'accusation est ici "d'édition sélective"; En conséquence, seules les études positives ou réussies sont publiées et les études négatives ou neutres ne sont pas publiées. Cette pratique a également été observée en médecine. Les méta-analyses sont une méthode statistique permettant de résumer les résultats de nombreuses études et de déterminer leur importance globale, qui peut être supérieure à celle des études individuelles. L'importance des méta-analyses dépend de la systématique de la recherche d'étude, de sa sélection et de la catégorisation des différentes caractéristiques de l'étude. Il va sans dire que les résultats de ces analyses seront falsifiés si seules des études réussies sont évaluées.

Étant donné que ce lexique vise à couvrir autant que possible tous les domaines de la recherche et des connaissances en psychologie, nous présenterons également des contributions du domaine de la parapsychologie en tant que science exploratoire de la psychologie (si l'on souhaite reconnaître le rang de "science") , Cependant, il faut toujours garder à l'esprit que même des cas individuels très spectaculaires ne sont que des cas isolés et que la qualité des preuves existantes de ces phénomènes est encore extrêmement médiocre.

Visualisation à distance (perception à distance, expérience hors du corps, projection astrale, hyperespace)

C'est la capacité hautement controversée de percevoir des personnes, des lieux, des objets ou des événements uniquement à travers une sorte d'expansion de la conscience sans contact direct et même sur de longues distances. La théorie est que les personnes appelées "téléspectateurs" ("voyants", "observateurs" ou "percepteurs"), par le pouvoir de leur propre conscience, visitent, observent et détaillent tout lieu sur la terre, toute personne et tout événement. L'information peut donner. On parle même de la possibilité de pénétrer dans la conscience de la personne cible et d'en extraire des informations. Et cela ne s'applique pas seulement au présent, car en théorie, la perception à distance peut se dérouler indépendamment du temps et de l'espace, dans le passé ou même dans le futur.

Dans le domaine de l'ésotérisme, ce phénomène est appelé "expérience hors du corps" ou "projection astrale"; Aux fins des termes "téléspectateur" et "perception à distance" utilisés ici, il fait l'objet de recherches en parapsychologie.

L'homme en tant qu'être de dimension supérieure

Pour comprendre la théorie qui sous-tend la perception distante, il faut quitter le sol des sciences en sécurité, car le phénomène de la perception distante n'est pas compréhensible de manière physique, scientifiquement explicable.

Les partisans de la vision à distance supposent que l'homme possède une composante physique et une dimension supérieure qui, dans l'ésotérisme, sont appelées "âme" (à ne pas confondre avec le concept d'âme en psychologie) et par certains partisans de la visualisation à distance zone de langue est appelée "composant de sous-espace". Le terme "sous-espace", qui provient du domaine de la science-fiction, exprime la même chose que le terme "hyperespace", qui est plus communément utilisé en Allemagne: il s'agit d'un espace de dimension supérieure qui, par rapport à un espace de dimension 3 a des degrés de liberté supplémentaires et coexiste avec l'espace tridimensionnel. L'hyperespace est donc une construction qui dépasse le concept normal d'espace.

Le terme hyperspace, en revanche, ne provient pas de la science-fiction, mais a été utilisé pour la première fois dans la seconde moitié du XIXe siècle, lorsque les concepts abstraits de l'espace sont apparus, dépassant ainsi l'espace tridimensionnel de l'intuition.

De l'avis des défenseurs de la télésurveillance, l'espace tridimensionnel ou l'univers quadridimensionnel constitue le corps humain auquel est ajouté un composant de dimension supérieure. De manière ésotérique, l'âme s'incarne dans le corps. Ce corps entraîne à son tour de nombreuses restrictions en raison de sa construction génétique, car il est conçu et limité à la perception des trois dimensions de l'espace et ne permet aucune perception supplémentaire. Selon ce point de vue, l'espace et le temps dans l'univers à quatre dimensions sont une pure illusion créée par le fonctionnement des sens humains et prise pour une réalité humaine. Cependant, cette illusion peut être surmontée, du moins dans une certaine mesure, en entraînant certaines qualités de l'esprit (composante de l'espace secondaire de l'homme ou, au sens ésotérique, une formation des "forces de l'âme").

Peut-on apprendre les perceptions à distance?

Les partisans de la visualisation à distance supposent que chaque personne en bonne santé mentale a la capacité de la visualisation à distance. Il ne l'a tout simplement pas ouvert dans sa vision limitée de l'univers à quatre dimensions. Ainsi, cela ne nécessite pas les compétences de médias particulièrement doués, mais plutôt, selon ce point de vue, toute personne peut apprendre cette capacité par le biais de cours ou d'autoformation. En Allemagne et aux États-Unis, par exemple, divers instituts ont été créés pour s'occuper de la formation des utilisateurs distants. L'un des instituts de ce type les plus renommés sur le plan international est le "Farsight Institute" américain, fondé en 1995 par le professeur Courtney Brown de l'Université Emory, en Géorgie (États-Unis d'Amérique). En Allemagne, aucun institut de ce type n'a été créé à l'échelle internationale. Il y a beaucoup de petits fournisseurs ici.

L'histoire de la visualisation à distance

On ne peut pas savoir exactement quand l'histoire de la perception à distance a commencé. Le professeur Courtney Brown, dans son ouvrage de 1996, Cosmic Voyage, conclut que les capacités visionnaires des prophètes bibliques et pré-bibliques reposent sur la visualisation à distance.

Wikipedia écrit ce qui suit sur l'histoire de la visualisation à distance:

"Il y a eu des rapports répétés de personnes qui auraient rapporté des événements au loin, et les destinataires (tels qu'Emanuel Swedenborg) pourraient avoir été personnellement impliqués ou avoir entendu parler télépathiquement du lien de parenté de leurs proches par le biais de liens de parenté (les soi-disant" Apparitions de crise, qui peuvent se manifester par des symptômes physiques ou des hallucinations.) Les premières tentatives de libre réponse ont été faites par AW Thaw (1892), Upton Sinclair (1930) et son épouse, qui se sont concentrés sur des objets situés dans une pièce voisine. Sinclair enregistre ses impressions) et René Warcollier (1938).

La télédétection, cependant, n'a été systématiquement étudiée que par les États-Unis. En 1970, le Stanford Research Institute (SRI) de Menlo Park, en Californie, affilié à l'Université de Stanford, a lancé des expériences avec une équipe de supports supposément doués. Le projet a été fondé par le physicien américain Harold Puthoff, qui a été rejoint par son collègue Russell Targ. Les expériences ont abouti à ce que l'on a appelé la visualisation à distance par coordonnées, qui, avec les variations allemandes qui en résultent aujourd'hui, est généralement appelée "visualisation à distance".

De 1973 à 1988 a été expérimenté de manière intensive. Puis, en 1990, la Science Applications International Corporation (SAIC) a repris le programme à Palo Alto, en Californie. Leur chef était Edwin May.

Depuis 1970, le projet gouvernemental de visualisation à distance du gouvernement américain - comprenant l'armée, la marine, la NASA et les services secrets de la CIA - bénéficie d'un soutien financier, avec un "fossé psychique" au début des années 1970. Pour déterminer l'Union soviétique cru. Le groupe des six médias a travaillé isolé sur des projets militaires. Elle a essayé z. En tant que missiles nucléaires pour découvrir un terrain militaire secret et des stations de métro. À la fin des années 1970, la Defense Intelligence Agency (DIA) a rejoint la CIA sous le nom de code Stargate. En 1989, le programme était initialement déclaré secret jusqu'à son retrait du soutien en 1995. En 24 ans, le gouvernement a soutenu les activités du petit groupe avec un total de 20 millions de dollars. La justification officielle de la position de Stargate était que le travail du groupe n'avait pas fait grand chose.

Des expériences de télédétection ont également été menées à l'Université de Princeton, avec le type de jeu "précognitif". Robert Jahn a dirigé le projet PEAR (Princeton Engineering Anomalies Research) et a présenté un rapport théorique aux États-Unis dans le livre "Margins of Reality" en 1987. Les expériences de Ganzfeld par Charles Honorton d'Edimbourg ont également servi de base. Dans le laboratoire, des sujets visionnés ont esquissé ce qu'ils avaient vu sur ce que les agents ont vu dans une pièce adjacente sur des clips vidéo ou des images - l'une des tentatives de parapsychologie les plus réussies de ces dernières décennies.

En outre, l'Institut des zones frontalières de la psychologie et de la santé mentale de Fribourg a tenté de convaincre l'agent (Elmar Gruber) de rester à Rome et le destinataire (Marilyn slot) d'écrire dans l'impression du Minnesotaihre. Le compte rendu des expériences réussies a été publié en décembre 1980. "(Cela s'est passé dans: Elmar Gruber, Marilyn Schlitz: Transcontinental Remote Viewing. In: Journal of Parapsychology, volume 44, n ° 4, décembre 1980, p. 306-317.).

Explications

La recherche exploratoire des promoteurs s'étend à différents domaines; Des modèles de psychologie, de physique quantique et de parapsychologie sont notamment utilisés. Dans le domaine psychologique, par exemple, "l'inconscient collectif" introduit par CG Jung (qui, contrairement à la théorie de Jung, est comprise comme une sorte de lien informationnel inconscient avec lequel tous les êtres humains sont connectés à tout moment comme une sorte d '"Internet invisible") Les théories de Freud, selon lesquelles "l'appareil psychique" de l'homme est divisé en conscient, préconscient et inconscient, selon lesquelles les résultats de l'observation à distance proviennent de l'inconscient. Au sens ésotérique, le "Akasha Chronicle" tend à être utilisé comme une approche explicative, qui est une sorte de "film astral", qui est imprimé sur tous les événements passés, présents et à venir. La visualisation à distance est comprise comme le "plongement" dans cette sphère d'information, qui est réalisée par une sorte d'état méditatif. Les informations pénètrent ensuite dans l'âme selon cette approche, et l'écriture instantanée des informations ainsi obtenues crée un espace pour de nouvelles personnes qui peuvent ensuite "glisser". Donc, on plonge constamment dans cette sphère d'information et de retour. L'écriture immédiate est également jugée nécessaire pour que la raison et l'imagination n'interprètent pas et ne déforment pas ce qu'ils ont reçu. Au contraire, les informations brutes les plus intactes devraient être préservées. Les informations sont fournies à titre d'inspiration, ce qui, de l'avis des défenseurs, repose sur le fait que la cible appelée donne des réponses.

La technologie de visualisation à distance

"La nature non linéaire de la conscience permet de voir des lieux et des moments éloignés sans avoir à se déplacer." - Dr. Steven Greer.

Pour dire une chose à l'avance: quel que soit le sujet abordé, l'accusation de négligence ou même de charlatanisme délibéré ne peut généralement pas être faite par les partisans de la visualisation à distance. Comme dans tous les domaines de la vie, il peut donner à ces personnes ou à ces prestataires; Cependant, les recherches sur cet article ont abouti à un grand nombre d'approches visant à obtenir des résultats reproductibles et sérieux avec une méthodologie sérieuse et réfléchie. La question de la traçabilité réelle et de la vérifiabilité objective des résultats devra être traitée ailleurs dans cet article; Quoi qu'il en soit, à l'heure actuelle, on peut affirmer que les défenseurs de la télédétection font de sérieux efforts pour traiter ce sujet et trouver des explications au phénomène.

Les partisans de la visualisation à distance s'attendent idéalement à une session avec au moins deux participants: un observateur ou un moniteur (ou "moniteur" ou "intervieweur") et un "spectateur". Le superviseur assume la fonction de gestion: il guide le spectateur tout au long de la session, surveille son statut et vérifie la conformité aux protocoles. On le voit comme idéal, si le moniteur est psychologiquement formé et peut guider le spectateur lorsque des problèmes surgissent en conséquence. Des groupes plus importants peuvent également être formés, dans lesquels plusieurs téléspectateurs traitent avec la même cible ("cible"); En outre, moniteur et spectateur peuvent échanger des rôles au cours de telles sessions.

À ce stade, les promoteurs attachent de l'importance au respect d'un protocole, car on veut - indépendamment de toute critique externe - obtenir des résultats utiles et exclure toute manipulation. Pour cette raison, les sessions se déroulent principalement en mode "double aveugle". Double aveugle signifie que ni le moniteur ni le spectateur ne connaissent la cible (ce qui est bien entendu particulièrement sensé s'ils échangent des rôles pendant une session). L'intention derrière la pratique en double aveugle est que le spectateur sans connaissance du but puisse apporter peu d'imagination et d'interprétation. Si le moniteur ne connaît pas la cible, il ne peut pas amener inconsciemment le spectateur à un résultat souhaité avec des questions suggestives.

Avant la session, une cible est définie en premier. L'objectif de la session est d'obtenir des informations sur cet objectif. La cible est définie dans le cas idéal, sans la participation du moniteur et du spectateur, qui ne reçoivent également aucune information pendant la session.

Après la session, quelque chose devrait suivre ce qu'on appelle "détoxification", ce qui signifie "détoxification". Selon les défenseurs, un spectateur peut "se perdre" dans une cible, c'est-à-dire développer une liaison à la cible qui dépasse la session. La désintoxication, qui peut être un rituel individuel, est idéalement appliquée immédiatement après la session pour couper tout enchevêtrement avec la cible.

Les avocats recommandent d'utiliser des techniques de relaxation telles que la méditation ou l'entraînement autogène avant la séance pour améliorer leur propre intuition, même lorsque le spectateur n'est pas "pris au dépourvu". Il convient également de réduire toute pression (par exemple, vos propres attentes de la session), ce qui pourrait fausser le résultat. Dans ce contexte, les battements binauraux sont également recommandés pour intensifier la coopération des deux moitiés du cerveau. Nous déconseillons également la consommation de substances enivrantes ou consciemment généralisées avant une séance. Les avocats recommandent également que vous n'assistiez qu'à une séance dans un état d'esprit équilibré. Vous devez également faire attention à un environnement qui n'autorise pas les interférences (téléphones éteints, radio et télévision éteintes, idéalement aucun bruit de la circulation ne peut être entendu, etc.).

On peut se demander comment le téléspectateur y parvient avec une enveloppe désignée uniquement avec un identifiant de cible sans connaître la cible. On suppose ici que la "composante de dimension supérieure" des humains peut affecter l'identifiant de cible à la cible. Le cerveau électrochimique ne peut rien faire avec l'ID cible; Cependant, la composante de dimension supérieure, dont les possibilités de perception vont bien au-delà de la vue favorable, peut affecter l'ID cible à la cible délibérément inconnue du téléspectateur et s'adresser à la cible. Dans cet avis, les sessions en double aveugle produisent même les meilleurs résultats.

Une session de visionnage à distance comprend généralement plusieurs niveaux définis dans un protocole SRI (Stanford Research Institute). Chaque niveau permet donc une différenciation toujours plus grande de l'information cible. La première étape est pour le contact pur. Dans la deuxième étape, des données supplémentaires sont collectées, puis développées et affinées aux étapes 3 à 6. Plus le niveau est élevé, plus les données recueillies pour chaque cible seront détaillées. La troisième étape devrait déjà être en mesure de fournir des données si précises que la cible (inconnue dans le cas idéal décrit ci-dessus) puisse déjà être nommée, ce qui, toutefois, devrait être possible, selon l'avis favorable, même avec des étapes antérieures avec des téléspectateurs plus expérimentés. Cela semble dépendre du moment où le spectateur atteint un état de naufrage suffisamment profond pour laisser de côté l'esprit et ses interprétations. Le protocole SRI distingue les niveaux comme suit:

Production de l'idéogramme (tracé de la ligne de signal) et premier contact avec la cible,
Collection d'impressions sensorielles de la zone cible, qui concerne les 5 sens,
Dessin de la cible (initialement sous forme de croquis),
évaluation qualitative et quantitative des aspects caractéristiques de la zone cible,
Interroger également la ligne de signal tracée lors de la première étape
Créez un modèle en trois dimensions.

En plus des 6 niveaux susmentionnés, d'autres ont également été développés, mais ceux-ci sont également contestés par les avocats. Dans la septième étape, nous traitons d'autres analyses, dans la huitième avec les signaux télépathiques, dans la neuvième avec les signaux phonétiques, dans la dixième avec "l'esprit sur la matière" et dans la onzième avec les changements de réalité dimensionnelle dans la zone cible. Même parmi les défenseurs, ces niveaux sont considérés comme peu documentés et risquent de déstabiliser mentalement le spectateur.

Spectres

Apparition fantomatique Quel spectacle: L'agent rationnel du FBI, Scully, a crié à l'âme alors qu'elle faisait face à l'un des fantômes à la recherche. C'était amusant de la regarder alors qu'elle cherchait anxieusement une explication pour tout. Même les deux fantômes Ed (Edward Asner) et Lily (Lily Tomlin) formaient un couple formidable, ce qui a donné à l'épisode quelque chose d'unique. Bien sûr, ce n'est pas juste un épisode   drôle. Beaucoup de gens ont vu des fantômes ou des phénomènes similaires et étaient certains que ce n'était pas de l'imagination. Les histoires sur les contacts avec les âmes des morts sont toutes semblables. Les témoins oculaires ont vu une silhouette blanche et transparente que leur observateur n'a pas remarquée. Il n'arrive pas très souvent qu'un fantôme contacte directement une personne sans aucune influence, par exemple lors d'une séance.

Dans d'autres cas, les fantômes perturbent les vivants. Ils frappent aux portes, aux murs et à d'autres objets, ou déplacent des penderies, des lits ou des objets plus petits comme des livres. Les faces de Radau dans la pierre sont principalement attribuées aux poltergeists. Ils sont généralement inoffensifs et attirent parfois l'attention avec raison. Une des raisons est par exemple. le poltergeist ne veut pas être dérangé. En 1971, des visages sont apparus par terre dans une pièce d'une maison à Belmez, en Espagne. Lorsque Señora Maria Pereira, une résidente de la maison, a trouvé son premier sourire sur le sol, elle a fait écraser son fils sur le sol en pierre, mais au fil du temps, de plus en plus de visages sont apparus. Même le regard des grimaces a changé. Certains d'entre eux ont un air furieux et agressif sur le visage duquel les habitants les couvrent. En dessous, les traits du visage ont continué à impressionner à travers la feuille. Certains d'entre eux ont été découpés et montrés à d'autres personnes. Après des fouilles à cet endroit, des restes humains ont été retrouvés en dessous. Apparemment, il y avait une fois un cimetière au même endroit. La photo de droite montre l'un de ces visages en pierre et si vous réalisez qu'ils ont même bougé, vous ne voudrez plus mettre un pied dans cette pièce.

Les fantômes de Banshee et autres légendes sont principalement connus de Grande-Bretagne. Là, vous pouvez entendre de nombreuses histoires sur les esprits spéciaux. Une banshee est un esprit irlandais qui fait de terribles hurlements. Quiconque entend le cri de cette fée, était sûr qu'une connaissance mourrait bientôt. Les victimes elles-mêmes n'ont jamais entendu la lamentation. De même, vous ne voyez jamais cette fée. Néanmoins, certaines personnes auraient dû décrire cela comme une apparence féminine et verte pouvant flotter dans les airs. Un maître-boulanger en Irlande a entendu un cri sourd une nuit, qui a commencé à devenir lent et qui a traversé les doigts. Le lendemain, il a appris qu'un de ses employés était décédé hier soir. Était-ce une mort? Un soldat sur un pont est aussi une figure de mort souvent vue en temps de guerre. Y a-t-il aussi un lien entre les vivants et les morts?

Une superstition britannique a même été expédiée en Amérique: le chien noir. En Angleterre, on croyait que la première mort reviendrait dans un nouveau cimetière et serait damnée de garder le cimetière pour toute l'éternité. Pendant de nombreux siècles, les habitants ont tué un grand chien et ont enterré le cadavre dans le nouveau cimetière. L'esprit du chien est maintenant le gardien de toutes les futures tombes. Il semble aussi être un protecteur des vivants. Au début du 19ème siècle, une femme d'âge moyen était sur le chemin du retour quand un grand chien noir vint la rejoindre. Elle avait peur de l'énorme animal, mais cela ne dura pas. Un groupe de travailleurs en état d'ébriété est passé près de la femme et lui a dit ce qu'ils feraient si elle n'avait pas ce chien avec elle. Quand les ivrognes ont continué, le chien avait disparu. C'est arrivé près d'un cimetière. Les chiens noirs, ou chiens noirs, sont toujours vus près des cimetières et des églises, parfois même lors d'un enterrement. À la porte de l'église de Blythburgh, dans le Suffolk, on peut voir les éraflures d'un grand animal. Il y a des rumeurs selon lesquelles un chien fantôme tente d'entrer dans l'église. Les esprits des animaux eux-mêmes ont été vus plusieurs fois.

Un Scully inquiet

Si quelqu'un perturbe le sommeil des morts, cela peut entraîner leur colère. L'exemple avec les visages est relativement inoffensif par rapport aux actions d'un poltergeist. Bien que cela ait été mentionné plus haut, les poltergeists sont généralement inoffensifs, mais ils ne sont pas toujours pacifiques à première vue. La Roumaine Eleonore Zugun, âgée de 12 ans, a été blessée plus d'une fois par un poltergeist. L'esprit l'a mordue et l'a grattée, les blessures apparaissant soudainement de nulle part sur son visage et sur son corps. Le chasseur de fantômes Harry Price a examiné la jeune fille et même pendant ses observations, des morsures et des égratignures sont apparues. Un examen des restes de salive restants a montré qu'il ne s'agissait ni de la leur ni de la salive d'un membre de la famille. Une fois, même une blessure est apparue sous la forme d'un texte. At-elle peut-être blessé un fantôme pour se venger parce qu'il était dérangé? Les scientifiques sont convaincus que la plupart des cas de fantômes ne sont qu'une forme de psychokinèse. Il y avait un test avec d'anciens soldats. Au cours de l'hypnose, on leur a dit qu'ils avaient une brûlure au bras gauche. Après quelques minutes, certains pourraient vraiment voir une brûlure. Il y avait deux explications: avec l'hypnose, certaines personnes peuvent développer une sorte de psychokinèse et il a été suggéré que leurs blessures soient apparues un peu plus tard. Alors ils se sont fait du mal. La seconde est qu'il s'agissait d'une vieille plaie qui a refait surface. Il y avait seulement beaucoup de soldats et tous brûlaient le bras gauche. C'est aussi étrange que les histoires de fantômes.

Les corps de Mulder et Scully. Des cas bien connus d'apparitions de fantômes se sont produits à la Maison Blanche et la plupart concernent Abraham Lincoln. Lorsque Lincoln était président, son épouse a participé à plusieurs séances. Selon certaines rumeurs, même Lincoln aurait participé à des séances pour établir le contact avec son fils décédé, William. Après la disparition d'Abraham Lincoln, il a souvent été vu comme un fantôme à la Maison Blanche. La reine Wilhelmina des Pays-Bas a entendu des bruits de pas à la Maison Blanche. Après que quelqu'un a frappé à leur porte, elle l'ouvrit et vit Abraham Lincoln se tenant juste devant leurs yeux. Même les présidents Eisenhauer et Truman ont senti leur présence pendant leur mandat. Dans les années 1980, la fille de Reagan, Lin-Coln, l'a vu apparaître soudainement dans sa chambre.

Vérité ou imagination? Les fantômes sont des monstres terribles dans les films, mais dans la vie réelle, ils sont beaucoup plus effrayants. Notre curiosité grandit lorsque nous entendons parler d'eux. Peut-être que les fantômes nous donnent un peu le goût de la vie après la mort. Peut-être qu'ils ne sont pas aussi rares que nous le pensons. Il se peut que juste derrière vous une main touche vos épaules   ...

References: Il s'agit partiellement de matériel de www.wikipedia.de inclus (partiellement révisé). Autres sources: Krippner, S. (1977-1997). (Ed.). Progrès de la recherche para-psychologique, vols. I-VIII. New York: Plenary Press 1977-1982; Jefferson, NC & London: McFarland 1984-1997.